DUMONT´s Gartenhandbuch

ROSEN

THE ROYAL
HORTICULTURAL
SOCIETY

DUMONT´s Gartenhandbuch

ROSEN

DUMONT

EIN DORLING KINDERSLEY BUCH

Die Deutsche Bibliothek – CIP-Einheitsaufnahme

Rosen : mit mehr als 300 Rosen, gegliedert nach Gruppen
und Farbe / The Royal Horticultural Society.
[Aus dem Engl. von Susanne Vogel]. – Köln :
DuMont, 1997
(DuMont's Gartenhandbuch)
Einheitssacht.: Plant guides, roses <dt.>
ISBN 3-7701-4073-7
NE: Vogel, Susanne [Übers.]; Royal Horticultural Society; EST

Originaltitel: RHS Plant Guides, Roses

Aus dem Englischen von Susanne Vogel
Redaktion der deutschen Ausgabe:
Werkstatt Gillhofer, München
Satz: Anja Dengler, Werkstatt Gillhofer

Printed and bound by Star Standard Industries, Singapore
ISBN 3-7701-4073-7

INHALT

MITARBEITER

PETER HARKNESS
Fachliche Beratung

LINDEN HAWTHORNE
Texte

Hinweise zur Benutzung dieses Buchs

Dieses Buch ist das ideale Nachschlagewerk für die Auswahl und Bestimmung von Gartenrosen.

Im einführenden Kapitel **Rosen im Garten** erfährt man Wissenswertes darüber, welche Rosen sich für welche Standorte oder Verwendungszwecke am besten eignen: Moderne Strauchrosen für strenge Rabatten, wuchsfreudige kletternde Sorten zum Begrünen von Mauern, niedrigwachsende Bodendecker als Terrassenschmuck oder blütenreiche Zwergrosen für Balkonkästen.

Wer eine geeignete Rose sucht oder eine Sorte identifizieren möchte, findet im Nachschlageteil **Verzeichnis der Rosen** Photographien mit präzisen Beschreibungen, ergänzt jeweils durch hilfreiche Hinweise zur Verwendung und speziellen Pflege der jeweiligen Pflanze. Angaben zur Abstammung, zum Züchter und Einführungsjahr sowie weitere Namen runden die Porträts ab.

Die vorgestellten Rosen sind entsprechend ihrer Form und Verwendung in sechs Gruppen gegliedert: Moderne Beetrosen (Buschrosen), Moderne Strauchrosen, Alte Rosen und Wildrosen, bodenbedeckende Rosen, kleinwachsende und Zwergrosen sowie Kletterrosen und Rambler. Um die Auswahl zu vereinfachen, sind die Rosen innerhalb dieser einzelnen Unterkapitel nach Farben geordnet (siehe nachfolgende Farbpalette).

Allgemeine Informationen zur Auswahl und Kultur von Rosen, zum Schnitt, zu Pflegemaßnahmen und zur Vermehrung finden sich im Kapitel **Die Rosenkultur**.

Symbole

Im Verzeichnis der Rosen werden für jede Sorte Symbole verwendet, die auf die bevorzugten Standortbedingungen und Temperaturen hinweisen. Die meisten Rosen sind winterhart bis -15°C und gedeihen am besten in gut durchlässigem Boden in sonniger Lage.

- Bevorzugt Sonne
- Bevorzugt Teilschatten
- Verträgt Schatten
- pH Braucht sauren Boden
- Bevorzugt gut durchlässige Böden
- Bevorzugt feuchte Böden
- Bevorzugt nasse Böden

- Frostempfindlich – verträgt Temperaturen bis 0 °C
- Halbwinterhart – verträgt Temperaturen bis -5 °C
- Winterhart – verträgt Temperaturen bis -15 °C
- Mit diesem Symbol werden Rosen von besonderer Qualität und Verläßlichkeit gekennzeichnet. Sie sind sehr robust und widerstandsfähig gegen Krankheiten und Schädlinge. Darüber hinaus kommen sie ohne spezielle Pflege aus.

Im zweiseitigen Glossar am Ende des Buches werden sämtliche Schlüsselbegriffe erklärt. Das umfassende alphabetische Register mit allen im Buch verwendeten Rosennamen und ihren Synonymen erleichtert das Auffinden.

Die Farbpalette

Alle Rosen in diesem Buch sind innerhalb der einzelnen Unterkapitel nach ihrer Blütenfarbe geordnet. Die links abgebildete Farbpalette zeigt die Reihenfolge ihrer Anordnung von Weiß über Rot und bläuliche Nuancen bis zu Gelb und Orange.

DIE SYSTEMATIK DER ROSENBESCHREIBUNGEN

Allgemein verwendeter oder *volkstümlicher Name*

Rosenklasse (siehe S. 14). Anhand dieser Angabe finden Sie die Hinweise zur geeigneten Pflege, die im Kapitel **Die Rosenkultur** für die einzelnen Rosenklassen detailliert beschrieben ist.

Botanischer bzw. *Sortenname*

HINWEIS
Hier stehen hilfreiche Informationen zur Verwendung und Behandlung der jeweiligen Rose einschließlich spezieller Schnitt- und Erziehungsmaßnahmen.

ZÜCHTER BZW. HERKUNFT
Bei Wildrosen ist angegeben, wo sie in freier Natur anzutreffen sind, bei den Sorten dagegen werden Züchter und Einführungsjahr genannt.

EINTRÄGE
Hier werden Wuchs, Blüten, Duft, Merkmale der Früchte und das Laub beschrieben. Auch die Blütezeit ist angegeben.

ABSTAMMUNG
Sofern bekannt, sind hier die Eltern der vorgestellten Rose genannt.

WEITERE NAMEN
An dieser Stelle sind die Namen aufgeführt, unter denen die Rose auch gehandelt oder beschrieben wird.

GRUPPENZUORDNUNG
Das Verzeichnis der Rosen ist in sechs Unterkapitel gegliedert. Die jeweils betreffende Gruppe ist oben auf jeder Seite angegeben.

ALTE ROSEN UND WILDROSEN • 77

China-Rose

ROSA 'Cécile Brunner'

Wuchs Aufrecht, ziemlich schlank und offen. ***Blüten*** Gut gefüllt, becherförmig, 4 cm groß, einzeln in üppigen, lockeren Büscheln; sie öffnen sich aus gerollten Knospen in blassem Muschelrosa. ***Duft*** Leicht und frisch. ***Laub*** Spärlich, klein und glatt; dunkelgrün. ***Blütezeit*** Sommer bis Herbst.
• HINWEIS Für Mischrabatten und Pflanzgefäße geeignet, auch schön als Knopflochblume.
• ABSTAMMUNG Polyantha-Rose x 'Mme de Tartas'.
• ZÜCHTER Veuve Ducher, Frankreich, 1880.
• WEITERE NAMEN 'Mignon', 'Mlle Cécile Brunner'.

HÖHE 75 cm
BREITE 60 cm

Wildrose — SCHOTTISCHE ZAUNROSE, WEINROSE

ROSA RUBIGINOSA

Wuchs Robust, überhängend, bestachelt. ***Blüten*** Einfach, schalenförmig, 2,5 cm groß, einzeln oder in kleinen Büscheln; lebhaft rosa mit blasser Mitte und goldgelben Staubblättern. ***Duft*** Leicht. ***Früchte*** Eiförmig; scharlachrot. ***Laub*** Üppig, fein gezähnt; dunkelgrün, nach Äpfeln duftend. ***Blütezeit*** Hochsommer.
• HINWEIS Schön für Hecken und Gärten mit Waldcharakter. Verträgt Halbschatten und kräftigen Schnitt.
• HERKUNFT Europa bis Kleinasien, oft auf kalkhaltigem Boden und in grasbedecktem Hügelland.
• WEITERER NAME *R. eglanteria*.

HÖHE Bis 2,4 m
BREITE Bis 2,4 m

Alba-Rose

ROSA 'Céleste'

Wuchs Kräftig, buschig. ***Blüten*** Gefüllt, schalenförmig, 8 cm groß, Knospen gerollt; blaßrosa. ***Duft*** Sehr aromatisch, lieblich. ***Früchte*** Lang; rot. ***Laub*** Graugrün. ***Blütezeit*** Hochsommer.
• HINWEIS Für Hecken und Mischrabatten; wächst auch in lichtem Schatten. Nach der Blüte ganz altes Holz an der Basis wegnehmen, Triebe einkürzen.
• ABSTAMMUNG Unbekannt.
• ENTSTEHUNG Ungewiß, vielleicht in den Niederlanden im späten 18. Jahrhundert.
• WEITERER NAME 'Celestial'.

HÖHE 1,5 m
BREITE 1,2 m

Zentifolie

ROSA 'Petite de Hollande'

Wuchs Buschig, kompakt. ***Blüten*** Gut gefüllt, geviertelt, 5 cm groß, in zahlreichen Büscheln; rosa mit dunklerer Mitte. ***Duft*** Voll und lieblich. ***Laub*** Grob gezähnt; mattes Mittelgrün. ***Blütezeit*** Hochsommer.
• HINWEIS Ideal für Pflanzgefäße und Mischrabatten. Neue Triebe nach der Blüte um die Hälfte kürzen.
• ABSTAMMUNG Unbekannt.
• ENTSTEHUNG Vielleicht in den Niederlanden um 1800.
• WEITERE NAMEN 'Pompon des Dames', 'Normandica', 'Petite Junon de Hollande'.

HÖHE 1 m
BREITE 1 m

SYMBOLE
Sie geben Auskunft über die bevorzugten Lichtverhältnisse, die ideale Bodenfeuchtigkeit und die Winterhärte (siehe Erklärung der Symbole auf S. 6).

GRÖSSE
Die durchschnittliche Höhe und Breite der Rosen kann je nach Standort, Boden, Klima und Alter der Pflanzen variieren.

ROSENPORTRÄTS
Die Farbphotos zeigen jeweils die charakteristischen Merkmale der Rosen. Diese sind innerhalb der Gruppen nach ihrer Farbe geordnet (siehe Farbpalette auf S. 6).

Rosen im Garten

Schon seit vorrömischer Zeit werden Rosen wegen ihrer schönen Blüten und ihres besonderen Dufts geschätzt und verehrt. Die Gattung *Rosa* wartet mit einer einmaligen Vielfalt an Blütenformen, Farben und Duftnoten auf. Das Spektrum reicht von den schlichten und eleganten Wildrosen über die sanft getönten und intensiv duftenden Alten Rosen bis hin zu den farbenprächtigen modernen Hybriden. Wenige Pflanzen bieten in Wuchsform und -höhe, Laub und Gestalt eine solche Variationsbreite. Mit Rosen lassen sich alle Gartenstile und -stimmungen realisieren, ob klassisch streng oder naturnah und üppig. Für beinahe jeden Platz gibt es das Passende: In Fensterkästen und Terrassenkübeln gedeihen Zwergrosen, bodenbedeckende Sorten bilden in Steingärten dichte Teppiche, und stattliche Kletterer hüllen alte Bäume im Sommer in eine duftige Blütenpracht. Rosen lassen sich als Solitäre ziehen, als Hecke und Sichtschutz einsetzen, in formalen Rabatten gruppieren oder sich in Mischbeeten mit einer Vielzahl anderer Pflanzen reizvoll kombinieren. Da sie meist langlebig sind, ist die vorherige sorgfältige Abstimmung auf den vorgesehenen Standort wichtig.

Auswahl der Rosen

Jahr für Jahr wird die ohnehin verwirrend lange Sortenliste noch umfangreicher. Sehen Sie sich vor einer endgültigen Entscheidung möglichst viele verschiedene Rosen über einen längeren Zeitraum in einer Gartensituation an. So erhalten Sie ein komplettes Bild von der Form, Höhe und Breite der jeweiligen Sorten sowie von ihrer Wuchsfreude und Widerstandsfähigkeit gegen Krankheiten. Auswahlkriterien sind auch attraktives und dichtes Laub, dekorative Stacheln und Hagebutten sowie Duft und Farbe der Blüten und ihre Beständigkeit bei starker Besonnung. Bedenken Sie, daß die meisten Alten Rosen nur einmal im Hochsommer einen

Ein gut geplanter Rosengarten
Farblich fein aufeinander abgestimmt, verschmelzen Strauchrosen und Stauden zu einem bezaubernden Gesamtbild.

Blütenformen

Flach *Offen, meist einfach oder halbgefüllt, Petalen beinahe flach ausgebreitet.*

Schalenförmig *Offen, einfach bis gut gefüllt, Petalen nach oben und auswärts gebogen.*

Elegant *Halb- bis gut gefüllt mit kompakter, hoher Spitze; typisch für Teehybriden.*

Becherförmig *Halb- bis gut gefüllt, abgeflacht, Petalen gebogen; klassische Teehybridenform.*

Kugelig *Gefüllt oder gut gefüllt mit gleichmäßig großen, überlappenden Petalen, die insgesamt eine Schüsselform bilden.*

Rosettenförmig *Ziemlich flach, gefüllt bis gut gefüllt mit zahlreichen leicht überlappenden Petalen unterschiedlicher Größe.*

Geviertelt *Eher flach, gefüllt bis gut gefüllt mit dichten und ungleichmäßigen, in Vierteln angeordneten Petalen.*

Pomponförmig *Klein, kugelig, gefüllt oder gut gefüllt mit einer Vielzahl kleiner Petalen; die Blüten erscheinen gewöhnlich in Büscheln.*

reichen Flor bilden, während viele moderne Züchtungen den ganzen Sommer hindurch bis zu den ersten strengen Frösten blühen.

Wertvolle Anregungen und viele nützliche Informationen liefern Kataloge von Versandfirmen. Die meisten nationalen Rosengesellschaften veröffentlichen außerdem Angebotslisten der bei ihnen gemeldeten Züchter, so daß Sie auch ungewöhnliche Sorten meist relativ leicht ausfindig machen können.

Blütenformen

Ihre Palette reicht von den einfachen, ungefüllten Blüten der Wildrosen bis hin zu den eleganten, schlank zugespitzten Blüten der Teehybriden oder auch den komplexen Rosettenformen, die viele Alte Rosen kennzeichnen. Die obigen Abbildungen zeigen die Blumen in ihrer vollkommensten Form, die sie oft unmittelbar vor dem vollen Erblühen erreichen. Einfache Blüten umfassen 4–7, halbgefüllte 8–14, gefüllte 15–30 und gut gefüllte über 30 Blütenblätter.

Duft, Farbe, Früchte und Stacheln

Die meisten Alten Rosen, aber auch manche moderne Sorten besitzen einen betörenden Duft mit Anklängen an Moschus, Honig, Zitrone, Gewürze oder frischen chinesischen Tee. In der Nuance und Intensität variiert der Duft je nach dem Alter der Blüten, der Tageszeit, der Luftfeuchtigkeit und der individuellen Wahrnehmung. Am eindrucksvollsten wirken solche Rosen, neben einem Fenster oder einer Tür, einer Terrasse oder einem Weg möglichst in geschützter Lage gepflanzt, wo der Duft an einem stillen, warmen Sommerabend die Luft erfüllt.

Moderne Rosen präsentieren das gesamte Farbspektrum mit Ausnahme von klarem Blau. Zarte Pastelltöne sind ebenso vertreten wie leuchtendes Goldgelb und sattes Zinnoberrot mit oft guter Lichtbeständigkeit. Die Alten Rosen zeigen reine Farben von Schneeweiß über Rosa bis zu Dunkelrot, Purpur und Violett, wobei die dunklen Töne oft zu aparten Schattierungen von Lavendel, Magentarosa, Grau und Altrosé verblassen.

Naturnahe Gestaltung
Vor einer duftenden Rosenkulisse entfalten Mehrjährige wie zart getönter Rittersporn und blaßblaue Glockenblumen ein kontrastreiches Farben- und Formenspiel.

Rosen vertragen sich gut miteinander und passen auch vorzüglich zu anderen Pflanzen, doch sollte man in der Regel nicht zu viele leuchtende Farben mischen. Eine Kombination von Zinnoberrot und Magentarosa etwa wirkt krass und unharmonisch. Solche intensiven Töne trennt man am besten durch zarte Pastell- oder Weißnuancen, die eine Ausgewogenheit zwischen kalten und warmen Farben schaffen.

Auch das Laub hat einen Zierwert. Man denke nur an die sattgrünen Blätter der Rugosa-Hybriden mit ihrer charakteristischen, runzeligen Oberfläche. Sehr dekorativ sind auch die zarten Grauviolettöne von *R. glauca* und die grau oder blau überhauchten Grünnuancen von *R. alba* und ihren Abkömmlingen. Eine Reihe von Rosen wie *R. virginiana* entwickeln eine lebhafte Herbstfärbung. Die einfachblühenden oder halbgefüllten Formen von *R. rugosa* schmücken sich im Herbst zusätzlich mit großen, glänzenden, roten Hagebutten. Sie sind übrigens reich an Vitamin C und ergeben eine schmackhafte Marmelade. Bei vielen Wildrosen reicht das Farbspektrum der auffälligen, hübschen Früchte von Gelb über Rot bis zu schimmerndem Schwarzviolett. Dagegen sind die Hagebutten von *R. moyesii* und ihren Hybriden flaschenförmig und von großer Leuchtkraft.

Manche Rosen sind auch dekorativ bewehrt, allen voran *R. sericea* var. *omeiensis* mit ihren dreieckigen Stacheln, die, von hinten beschienen, rubinrot schimmern.

Formale Rosengärten

Der traditionelle Rosengarten mit seiner präzisen Geometrie ist bis heute sehr beliebt. Viele moderne Sorten eignen sich aufgrund ihrer langen Blühperiode, den eleganten Blumen und dem streng aufrechten Wuchs ganz besonders für solche klassischen Pflanzungen. Die schönste Wirkung erzielt man dabei mit Rosen, die etwa zur gleichen Zeit blühen und jeweils zu fünft oder sechst regelmäßige und kompakte Gruppen in abgestimmten Farben bilden.

Freie Beete bepflanzt man am besten mit Sorten gleicher Größe. Um dem Arrangement mehr Höhe zu verleihen, kann man Hochstämme einsetzen, die zudem einen besonderen Blickfang darstellen. Vor einer Mauer oder Hecke pflanzt man die Rosen dagegen möglichst abgestuft nach ihrer Wuchshöhe, wobei die niedrigen Sorten den Vordergrund bilden.

Naturnahe Pflanzungen

Vor allem in Kombination mit Stauden oder anderen Sträuchern kommt der Charme von Rosen in naturnahen Pflanzungen voll zur Geltung. Mit ihrem charakteristischen Wuchs und der unterschiedlichen Größe eröffnen die zahlreichen Zuchtformen der bodenbedeckenden, der Zwerg- und Strauchrosen, der Rambler und Kletterrosen interessante gestalterische Möglichkeiten für die verschiedensten Gartensituationen.

Die Wuchsform vieler Strauchrosen, etwa der duftigen China-Rosen oder der Damaszener-Rosen mit ihren weichen Trieben, paßt gut in eine Mischrabatte. Sie unterstreicht einerseits den Eindruck ungebändigter Fülle und verleiht der Pflanzung zugleich Höhe und Struktur. In abschüssigen Lagen läßt sich mit einer Terrasse eine herrliche Kulisse für eine Rosenpflanzung schaffen. Anmutige Strauchrosen am oberen Ende, ergänzt durch Rambler oder Bodendecker, die kaskadenartig über die untere Kante wachsen, schaffen ein dynamisches Gesamtbild mit beeindruckender perspektivischer Wirkung.

Viele Rosen machen sich vorzüglich mit einer Unterpflanzung aus Stauden. Diese müssen allerdings Flachwurzler oder ausreichend weit gesetzt sein, so daß man beim Mulchen und Düngen die Rosenwurzeln erreicht. Stauden können die besondere Schönheit einer Rose hervorheben oder auch noch nach der Blütezeit als Blickfang fungieren.

Blüten und Laub
Wie Juwelen leuchten die Rosenblüten über einer eleganten Unterpflanzung aus Kräutern mit graugrünem Laub, die mit dem warmen, neutralen Kieston perfekt harmonieren.

Gartenidyll
Die duftende und öfterblühende moderne Kletterrose 'Bantry Bay' treibt altmodische Blüten in sattem Rosa. Hier umrankt sie einen rustikalen Bogen, der den Garten optisch unterteilt und den Blick in den rückwärtigen Bereich malerisch einrahmt.

Duftende Pflanzen wie Lavendel, Veilchen, Nelken und der Meerkohl *Crambe cordifolia* bereichern ein Potpourri von Rosendüften und liefern kontrastierende Farben und Strukturen. Höhere Pflanzen, die im Hochsommer blühen, wie die Glockenblume *Campanula lactiflora*, die Königslilie oder der Rote Fingerhut mit seinen purpurnen Blütentrauben sehen reizend zwischen Alten Rosen aus und beleben ebenfalls das Bild mit ihren charakteristischen Farben und Formen.

Zahlreiche Rosen harmonieren gut mit graulaubigen Pflanzen wie Wollziest oder auch Beifuß mit seinen eigenartigen, fein geschlitzten Blättern. Eine exzellente Ergänzung bilden aromatische immergrüne Arten wie der Gartensalbei und das Heiligenkraut *Santolina chamaecyparissus*, die einer Rabatte auch im Winter Struktur verleihen. Im Frühjahr setzen Zwiebelgewächse wie Tulpen, Narzissen, *Chionodoxa* und Schneeglöckchen reizvolle Akzente.

Sowohl Strauch- als auch Wildrosen passen gut zu anderen Sträuchern, sofern sie ausreichend Sonne bekommen. Sie bewähren sich als Gesellschaft frühblühender Sträucher. 'Complicata' etwa und vergleichbare Sorten mit langen, geschmeidigen Trieben sind sehr effektvoll zur Belebung eintöniger Sommerbelaubung.

Duftende Sträucher wie Sommerjasmin bieten sich als Rosenpartner an, da sie ebenfalls im Hochsommer blühen und dem Rosenduft eine Nuance hinzufügen.

Kletterrosen und Rambler

Die meisten kletternden Rosen sind wuchsfreudig und treiben im Sommer eine üppige Blütenfülle. Als Solitäre bilden sie einen eigenen Blickfang. Ebenso empfehlen sie sich jedoch als Begleiter für andere Kletterpflanzen wie Clematis, zum Begrünen von Wänden zusammen mit anderen Sträuchern oder zum Beranken alter Bäume. Sie sind äußerst nützlich, um Bögen, Mauern und Zäune zu überziehen, unschöne Gartengebäude zu kaschieren oder einer Sommerrabatte Höhe zu verleihen.

Man unterscheidet Rambler und Kletterrosen. Rambler treiben jedes Jahr aus der Basis lange, flexible Ruten, die nach der Blüte ausgeschnitten werden. Dagegen haben Kletterrosen einen eher steifen, aufrechten Wuchs und blühen in der Regel an Seitentrieben, die aus dem vorjährigen Holz sprießen; sie werden gewöhnlich jährlich auf ein bleibendes verholztes Grundgerüst zurückgeschnitten. In manchen Fällen ist die Grenze durch Kreuzungen zwar verwischt, doch sind die genannten charakteristischen Merkmale bei der Auswahl von Rosen für einen bestimmten Standort unbedingt zu beachten. Rambler lassen sich mit ihren biegsamen Trieben leichter an komplizierten Strukturen wie Pergolen, Bögen und Spalieren oder auch an locker zwischen Pfosten gespannten Seilen oder Ketten ziehen. An einer Wand sind sie aufgrund unzureichender Luftzirkulation anfällig für Mehltau. Echte Kletterrosen hingegen eignen sich mit ihrem eher starren Wuchs besser zum Begrünen von Mauern, Zäunen oder freistehenden Säulen.

Bei Kletterrosen wie bei Ramblern ist unbedingt eine Sorte zu wählen, die den ihr zugedachten Rahmen füllt, aber nicht sprengt. Wichtig sind auch ausreichend starke Stützen, die das Gewicht der ausgewachsenen Pflanze tragen. Zwar sehen rustikale Holzkonstruktionen gerade anfangs oft attraktiver aus als Metallgerüste, doch auch bei sachgemäßer Vorbehandlung werden sie im Lauf der Zeit in Bodennähe verrotten.

Bodenbedeckende, kleinwachsende und Zwergrosen

Diese Formen, von denen viele den ganzen Sommer hindurch blühen, haben die Einsatzmöglichkeiten von Rosen erheblich erweitert. Kleinwachsende Sorten und Zwergrosen erweisen sich bei geringem Platzangebot, für Hochbeete, auf dem Balkon sowie als Schalenbepflanzung, etwa auf der Terrasse, von großem Nutzen. Bodenbedeckende Rosen sind bei einer formalen wie auch einer naturnahen Gestaltung ideal als vorderer Abschluß einer Rabatte. Besonders schön wirken sie auch, wenn sie über eine niedrige Mauer wachsen oder eine steile Böschung überziehen, die sich anders kaum bepflanzen ließe. Eine zuverlässige Unterdrückung von Unkräutern garantieren nur wirklich dichtwüchsige Sorten und auch nur dann, wenn das Terrain von vornherein unkrautfrei ist.

Herbstschmuck
Die großen, leuchtend scharlachroten Hagebutten dieser Wildrose heben sich lebhaft gegen die zarten Blätter mit dekorativer goldgelber Umrandung ab.

Rosen in Pflanzgefäßen
Kleinwachsende oder Zwergrosen sind ideale Topfpflanzen. Hier bilden zartrosa Blüten einen feinen Kontrast zu dem schlichten Terrakottatopf.

Die Rosenklassen

Rosen sind seit Jahrhunderten in Kultur. Durch natürliche Mutationen und Kreuzungen, aber auch durch gezieltes züchterisches Eingreifen entstand eine Fülle unterschiedlicher Formen. Sie leisten heute als Solitäre, in Rabatten, als Hecken oder zum Begrünen von Wänden, Pergolen und Säulen in unseren Gärten wertvolle Dienste. Man unterscheidet drei Hauptgruppen:

Wildrosen

Wildrosen und ihre Hybriden bilden überwiegend große Sträucher oder wachsen kletternd. Im Frühling oder Sommer zeigen sie meist ungefüllte Blüten, die im Herbst von dekorativen Früchten, den sogenannten Hagebutten, abgelöst werden.

Alte Rosen

Alba-Rosen Große, vielfach verzweigte Sträucher mit zumeist graugrünem Laub und Büscheln von 5–7 Blüten im Hochsommer.

Bourbon-Rosen Kräftige Sträucher von offenem Wuchs; sie remontieren mit duftenden, gefüllten Blüten, die oft in Dreiergruppen erscheinen; die Blütezeit erstreckt sich von Sommer bis Herbst.

China-Rosen Kleine bis mittelgroße Sträucher von lichtem Wuchs mit zierlichen, zumeist gefüllten Blüten, die einzeln oder in Büscheln von Sommer bis Herbst sprießen.

Damaszener-Rosen Anmutige Sträucher mit biegsamen Trieben, die, hauptsächlich im Hochsommer, Büschel von 5–7 stark duftenden Blüten tragen.

Gallica-Rosen Dichte, aufrechte Sträucher mit oft duftenden Blumen von großer Leuchtkraft; sie erscheinen in Büscheln bis zu dreien im Hochsommer.

Moosrosen Abkömmlinge der Zentifolien und Damaszener-Rosen, denen sie in Wuchs und Blüte auch ähneln; allerdings zeigen sie einen charakteristischen moosähnlichen Bewuchs an den Stielen und Blütenkelchen.

Noisette-Rosen Remontierende Kletterrosen mit großen Büscheln von bis zu 9 duftenden Blüten im Sommer und Herbst.

Portland-Rosen Aufrecht und dicht, weniger wuchsfreudig, aber stärker remontierend als Bourbon-Rosen; Blütezeit von Sommer bis Herbst.

Remontant-Rosen Starkwüchsige, meist remontierende Sträucher, deren Blüten sich einzeln oder in Dreiergruppen von Sommer bis Herbst entfalten.

Sempervirens-Rosen Halbimmergrüne Kletterrosen mit zahlreichen Blüten im Spätsommer.

Teerosen Strauchbildend oder kletternd, remontierend mit lockeren, oft duftenden, gewöhnlich gefüllten Blüten, die sich im Sommer und Herbst einzeln oder in Dreiergruppen zeigen.

Zentifolien (Provence-Rosen) Sträucher mit weichen, überhängenden, bestachelten Trieben, an denen im Hochsommer einzeln oder in Büscheln bis zu dreien große, duftende Blumen mit zahlreichen Petalen erscheinen.

Moderne Gartenrosen

Strauchrosen Eine überwiegend remontierende Klasse, die niedrige, hügelartige Formen ebenso umfaßt wie ausladende Sträucher und stattliche, büschelblütige Büsche.

Teehybriden (großblumig) Aufrechte, remontierende Sträucher mit zumeist schlanken und spitzen, oft duftenden, gefüllten Blüten, die

von Sommer bis Herbst einzeln oder in Dreiergruppen erscheinen.

Floribunda-Rosen (büschelblütig) Aufrechte, remontierende Sträucher mit Dolden von 3–25 einfachen bis gut gefüllten, bisweilen duftenden Blumen, die sich von Sommer bis Herbst zeigen.

Kompakte Floribunda-Rosen Ähnlich den vorgenannten, aber kleiner und anmutiger im Wuchs.

Zwergrosen Gegenstück der Teehybriden und Floribunda-Rosen im Kleinformat.

Polyantha-Rosen Robuste, kompakte, remontierende Sträucher mit zahlreichen kleinen Blumen von Sommer bis Herbst.

Bodenbedeckende Rosen Flach niederliegend oder überhängend wachsende, zumeist remontierende Rosen mit zierlichem Laub, die von Sommer bis Herbst Büschel von 3–11 kleinen Blüten bilden.

Kletterrosen Mitunter remontierende kletternde Rosen mit langen, steifen Trieben; Blüten vom späten Frühjahr bis zum Herbst, einzeln oder in Büscheln; eine kleine Gruppe, u. a. 'Albertine', liegt im Wuchs zwischen Kletterrosen und Ramblern.

Rambler Wuchsfreudige kletternde Rosen mit langen, biegsamen Trieben, die im Sommer Büschel von 3–21 einfachen bis gut gefüllten Blumen tragen.

VERZEICHNIS DER
ROSEN

Teehybride (großblumig)

ROSA 'Memoire'

Wuchs Dicht, aufrecht. ***Blüten*** Gefüllt, rundlich, 15 cm groß; weiß mit einem Hauch Zitronengelb. ***Duft*** Lieblich, fein und leicht. ***Laub*** Dunkelgrün, im Austrieb kupferrot. ***Blütezeit*** Sommer bis Herbst.
- HINWEIS Schön als Schnittblume, für Beete und Rabatten; auch als Hochstamm zu ziehen.
- ABSTAMMUNG Unbekannt.
- ZÜCHTER Kordes, Deutschland, 1992.
- WEITERE NAMEN Korzuri, 'Ice Cream'.

HÖHE 80 cm

BREITE 70 cm

Floribunda-Rose (büschelblütig)

ROSA 'Gruß an Aachen'

Wuchs Buschig, niedrig, aufrecht. ***Blüten*** Gut gefüllt, schalenförmig, 10–12 cm groß, in Büscheln; seidige Blütenblätter in Rahmweiß mit pfirsichfarbenen Glanzlichtern. ***Duft*** Sanft und lieblich. ***Laub*** Ledrig; matt dunkelgrün. ***Blütezeit*** Sommer bis Herbst.
- HINWEIS Widerstandsfähig und robust; für Beete, Hecken und Pflanzkübel, Mischrabatten und naturnahe Pflanzungen; auch für Treibhauskultur.
- ABSTAMMUNG 'Frau Karl Druschki' x 'Franz Deegen'.
- ZÜCHTER Geduldig, Deutschland, 1909.

HÖHE 45 cm

BREITE 45 cm

Teehybride (großblumig)

ROSA 'Polarstern'

Wuchs Kräftig, aufrecht, schön verzweigt, reichblühend. ***Blüten*** Gefüllt, elegant, 12 cm groß, an kräftigen Stielen; reinweiß, Knospen grün überlaufen. ***Duft*** Zart, frisch und lieblich. ***Laub*** Nicht sehr dicht, aber groß und glänzend; mittel- bis dunkelgrün. ***Blütezeit*** Sommer bis Herbst.
- HINWEIS Gute Eignung für Beete, Rabatten, Vase und Ausstellungen. Robust und unkompliziert.
- ABSTAMMUNG Unbekannt.
- ZÜCHTER Tantau, Deutschland, 1982.
- WEITERE NAMEN Tanlarpost, 'Polar Star'.

HÖHE 1 m

BREITE 70 cm

Floribunda-Rose (büschelblütig)

ROSA 'Margaret Merril'

Wuchs Kräftig, aufrecht. ***Blüten*** Gefüllt, becherförmig, 10 cm groß, einzeln oder in Büscheln; weiß oder rosigweiß, geöffnet zeigen sie goldgelbe Staubblätter. ***Duft*** Lieblich und stark. ***Laub*** Ledrig; dunkelgrün. ***Blütezeit*** Von Sommer bis Herbst.
- HINWEIS Vorzügliche Schnittblume; gut geeignet für Pflanzgefäße, Beete, Rabatten und Hecken. Wetterfest.
- ABSTAMMUNG ('Rudolph Timm' x 'Dedication') x 'Pascali'.
- ZÜCHTER Harkness, England, 1977.
- WEITERER NAME Harkuly.

HÖHE 1 m

BREITE 60 cm

Teehybride (großblumig)

ROSA 'Pascali'

Wuchs Aufrecht, ziemlich locker. ***Blüten*** Gut gefüllt, becherförmig, 9 cm groß; beinahe reines Weiß mit einer Andeutung von Creme. ***Duft*** Sehr leicht, aber frisch und lieblich. ***Laub*** Licht; matt glänzend, dunkelgrün. ***Blütezeit*** Öfters von Sommer bis Herbst.
• HINWEIS Ausgezeichnet als Schnittblume; geeignet für Beete und Rabatten.
• ABSTAMMUNG 'Queen Elizabeth' x 'White Butterfly'.
• ZÜCHTER Lens, Belgien, 1963.
• WEITERE NAMEN Lenip, 'Blanche Pasca'.

HÖHE 75 cm

BREITE 60 cm

Teehybride (großblumig)

ROSA 'Silver Wedding'

Wuchs Buschig-aufrecht, aber nicht sehr kräftig. ***Blüten*** Gefüllt, kugelig, bis 10 cm groß; weiß bis cremefarben. ***Duft*** Leicht und frisch. ***Laub*** Glänzend mittelgrün. ***Blütezeit*** Sommer bis Herbst.
• HINWEIS Verlangt einen warmen, sonnigen Standort mit fruchtbarem, gut gemulchtem und zuverlässig feuchtigkeitsspeicherndem Boden.
• ABSTAMMUNG Nicht überliefert.
• ZÜCHTER Gregory, England, 1976.

HÖHE 50 cm

BREITE 50 cm

Floribunda-Rose (büschelblütig)

ROSA 'Schneewittchen'

Wuchs Rundlich, wohlproportioniert, schön verzweigt. ***Blüten*** Gut gefüllt, kugelig, 7 cm groß; zahlreich in reinweißen Büscheln, bei heißem Wetter rosa überhaucht. ***Duft*** Lieblich, flüchtig. ***Laub*** Dicht und glänzend; leuchtendgrün. ***Blütezeit*** Sommer bis Herbst.
• HINWEIS Exzellent als Schnittblume, für Ausstellungen, Beete und Hecken sowie als Hochstamm. Am schönsten bei leichtem Rückschnitt.
• ABSTAMMUNG 'Robin Hood' x 'Virgo'.
• ZÜCHTER Kordes, Deutschland, 1958.
• WEITERE NAMEN Korbin, 'Iceberg', 'Fée des Neiges'.

HÖHE 75–150 cm je nach Schnitt

BREITE 65 cm und mehr

Floribunda-Rose (büschelblütig)

ROSA 'Greenall's Glory'

Wuchs Kompakt, buschig. ***Blüten*** Halbgefüllte, weite Schalen von bis zu 12 cm, vielzählig in lockeren Büscheln; weiß und rosa überhaucht, Blütenblätter unterseits blasser. ***Duft*** Zart. ***Laub*** Glänzend mittelgrün. ***Blütezeit*** Sommer bis Herbst.
• HINWEIS Ideal für niedrige Hecken, Beete und Rabatten; auch für Pflanzgefäße geeignet.
• ABSTAMMUNG Sport von 'Regensberg'.
• ZÜCHTER Kirkham, England, 1989.
• WEITERER NAME Kirmac.

HÖHE 40 cm

BREITE 50 cm

Teehybride (großblumig)

ROSA 'Elizabeth Harkness'

Wuchs Buschig-aufrecht, gleichmäßig. ***Blüten*** Gut gefüllt, elegant, 12 cm groß; aus den vollkommenen Knospen gehen wohlgeformte Blüten hervor; hell-elfenbein, zur Mitte hin ins Zartrosa spielend, mit leichtem Bernsteinschimmer. ***Duft*** Lieblich und nachhaltig. ***Laub*** Dicht; dunkelgrün. ***Blütezeit*** Mehrfach von Sommer bis Herbst.

- HINWEIS Perfekt für die Vase, gut für Rabatten, Gruppenpflanzungen und Ausstellungen. Sehr geschätzt wegen der vollendeten, anmutigen Form und zarten, feinen Farbe der Blüten, die bei feuchter Witterung jedoch bisweilen leiden. Ansonsten kommt die winterharte und gesunde Sorte mit verschiedensten Wachstumsbedingungen zurecht. Für Ausstellungszwecke oder zum Schnitt auch im Kalthaus zu ziehen.
- ABSTAMMUNG 'Red Dandy' x 'Piccadilly'.
- ZÜCHTER Harkness, England, 1969.

HÖHE
75 cm

BREITE
60 cm

Floribunda-Rose (büschelblütig)	

ROSA 'Valentine Heart'

Wuchs Wohlgeformter, kompakter Busch. ***Blüten*** Halbgefüllt, schalenförmig bis kugelig, 8 cm groß, in vielblumigen Büscheln; in der Knospe hell scharlachrot, geöffnet zartrosa. ***Duft*** Angenehm lieblich. ***Laub*** Reichlich; dunkelgrün glänzend. ***Blütezeit*** Den ganzen Sommer und Herbst hindurch.
- HINWEIS Schön für Beete, Rabatten, Gruppenpflanzungen und niedrige Hecken.
- ABSTAMMUNG 'Shona' x 'Pot o' Gold'.
- ZÜCHTER Dickson, Nordirland, 1990.
- WEITERER NAME Dicogle.

☼ ◊ ❄❄❄

HÖHE 60 cm

BREITE 50 cm

Floribunda-Rose (büschelblütig)	

ROSA 'City of London' 🏆

Wuchs Rundlich, ungleichmäßig. ***Blüten*** Lose gefüllt, becherförmig, 8 cm groß; in lockeren, zartrosa Büscheln. ***Duft*** Lieblich. ***Laub*** Voll; glänzend und von klarem Grün. ***Blütezeit*** Sommer bis Herbst.
- HINWEIS Vorzüglich für Ausstellungen, Vase, Beet und Rabatte. Bei leichtem Schnitt strauchbildend, auch als Kletterrose zu ziehen. Schöne Ergänzung zu Alten Rosen.
- ABSTAMMUNG 'New Dawn' x 'Rosika'.
- ZÜCHTER Harkness, England, 1988.
- WEITERER NAME Harukfore.

☼ ◊ ❄❄❄

HÖHE 1–2 m

BREITE 75–120 cm

Teehybride (großblumig)	

ROSA 'Königliche Hoheit' 🏆

Wuchs Aufrecht. ***Blüten*** Gut gefüllt, kugelig mit hoher Mitte, 12 cm groß, auf kräftigen Stielen; zartes Perlrosa. ***Duft*** Kräftig und süß. ***Laub*** Ledrig; dunkelgrün glänzend. ***Blütezeit*** Sommer bis Herbst.
- HINWEIS Gut geeignet für Ausstellungen, als Schnittblume und für Mischrabatten. Bei Regen verkleben die Blüten leicht.
- ABSTAMMUNG 'Virgo' x 'Gloria Dei'.
- ZÜCHTER Swim and Weeks, USA, 1962.
- WEITERER NAME 'Royal Highness'.

☼ ◊ ❄❄❄

HÖHE 1,1 m

BREITE 60 cm

Floribunda-Rose (büschelblütig)	

ROSA 'Queen Elizabeth' 🏆

Wuchs Kräftig, aufrecht, hoch. ***Blüten*** Gut gefüllt, kugelig, geöffnet schalenförmig, 10 cm groß; einzeln oder in großen Büscheln in klarem Rosa. ***Duft*** Zart. ***Laub*** Groß, ledrig und glänzend; dunkelgrün. ***Blütezeit*** Sommer bis Herbst.
- HINWEIS Schön in der Vase und als Hintergrund in Mischrabatten. Ein jährlicher kräftiger Schnitt dämmt übermäßigen Wuchs und fördert die Dichte.
- ABSTAMMUNG 'Charlotte Armstrong' x 'Floradora'.
- ZÜCHTER Lammerts, USA, 1954.
- WEITERER NAME 'The Queen Elizabeth Rose'.

☼ ◊ ❄❄❄

HÖHE 1,5 m

BREITE 75 cm

Floribunda-Rose (büschelblütig)	

Rosa 'Iced Ginger'

Wuchs Aufrecht, locker verzweigt. ***Blüten*** Gut gefüllt, elegant, 11 cm groß, einzeln und in Büscheln; sanft kupferrosa mit gelblichbrauner und elfenbeinfarbener Note. ***Duft*** Sehr zart. ***Laub*** Licht; rötliches Mittelgrün. ***Blütezeit*** Sommer bis Herbst.

- HINWEIS Ein behutsamer Formschnitt, sorgfältiges Jäten und gutes Mulchen gewährleisten eine optimale Entwicklung. Schön als Hintergrund in einer Rabatte, gute Schnittrose.
- ABSTAMMUNG Sämling von 'Anne Watkins'.
- ZÜCHTER Dickson, Nordirland, 1971.

❄❄❄

HÖHE 1 m

BREITE 70 cm

Teehybride (großblumig)	

Rosa 'Savoy Hotel' 🏆

Wuchs Kräftig, buschig, reichblühend. ***Blüten*** Gut gefüllt, becherförmig, geöffnet kugelig, 10–15 cm groß; hellrosa, außen dunkler. ***Duft*** Frisch. ***Laub*** Reich; matt und tiefgrün. ***Blütezeit*** Sommer bis Herbst.

- HINWEIS Vorzüglich als Schnittblume und gut für Ausstellungen. Geeignet für Beete und Rabatten wie auch als Hochstamm. Erwünscht ist ein freier, sonniger Standort mit fruchtbarem Boden.
- ABSTAMMUNG 'Silver Jubilee' x 'Amber Queen'.
- ZÜCHTER Harkness, England, 1989.
- WEITERE NAMEN Harvintage, 'Integrity'.

❄❄❄

HÖHE 90 cm

BREITE 60 cm

Floribunda-Rose (büschelblütig)	

Rosa 'English Miss'

Wuchs Buschig-aufrecht. ***Blüten*** Gut gefüllt, schalenförmig, kamelienähnlich, 8 cm groß; die in üppigen, kompakten Büscheln stehenden, zartrosa Blüten zeigen bereits als Knospe eine vollkommene Form. ***Duft*** Kräftig und würzig. ***Laub*** Dicht, ledrig, schimmernd; purpurn überhauchtes Dunkelgrün. ***Blütezeit*** Mehrfach von Sommer bis Herbst.

- HINWEIS Wetterfest und unkompliziert. Schön für Rabatten, niedrige Hecken und Pflanzgefäße.
- ABSTAMMUNG 'Dearest' x 'Sweet Repose'.
- ZÜCHTER Cant, England, 1978.

❄❄❄

HÖHE 75 cm

BREITE 60 cm

Floribunda-Rose (büschelblütig)	

Rosa 'Nathalie Nypels' 🏆

Wuchs Buschig, dicht, ausladend. ***Blüten*** Halbgefüllt, schalenförmig, 5 cm und mehr, in Büscheln; rosarot. ***Duft*** Lieblich, nicht sehr stark. ***Laub*** Dicht, klein; dunkelgrün glänzend. ***Blütezeit*** Von Sommer bis Herbst.

- HINWEIS Exzellent für Rabatten. Regelmäßig welke Blüten entfernen; leichter Schnitt zu empfehlen.
- ABSTAMMUNG 'Orléans Rose' x ('Comtesse du Cayla' x *R. foetida* 'Bicolor').
- ZÜCHTER Leenders, Niederlande, 1919.
- WEITERER NAME 'Mevrouw Nathalie Nypels'.

❄❄❄

HÖHE 75 cm

BREITE 60 cm

Teehybride (großblumig)	

ROSA 'Paul Shirville'

Wuchs Ziemlich dicht; breitwüchsig. *Blüten* Gut gefüllt, elegant, 9 cm groß, in rosigem Lachs. *Duft* Lieblich. *Laub* Voll, glänzend; rötliches Dunkelgrün. *Blütezeit* Sommer bis Herbst.

- HINWEIS Gute Schnittblume, schön in Beeten, Mischrabatten und als Hochstamm. Liebt einen warmen, sonnigen Platz mit fruchtbarem, gut gemulchtem Boden.
- ABSTAMMUNG 'Compassion' x 'Mischief'.
- ZÜCHTER Harkness, England, 1983.
- WEITERE NAMEN Harqueterwife, 'Heart Throb'.

HÖHE
75 cm

BREITE
75 cm

Teehybride (großblumig)	

ROSA 'Julia's Rose'

Wuchs Offen, aufrecht. *Blüten* Gefüllt, becherförmig, 10 cm groß; leicht gekräuselte Petalen in Rosa mit Pergament- und Kupfertönen; dunkle Staubgefäße. *Duft* Leicht und frisch, nach dem Erblühen kaum wahrnehmbar. *Laub* Dunkel mit rötlichem Schimmer. *Blütezeit* Sommer bis Herbst.

- HINWEIS Verlangt einen fruchtbaren, gut dränierten Boden und volle Sonne. Ideale Schnittblume.
- ABSTAMMUNG 'Mainzer Fastnacht' x 'Dr. A. J. Verhage'.
- ZÜCHTER Wisbech Plant Co., England, 1976.

HÖHE
75 cm

BREITE
45 cm

Floribunda-Rose (büschelblütig)	

ROSA 'Elizabeth of Glamis'

Wuchs Aufrecht, nicht sehr kräftig. *Blüten* Gefüllt, schalenförmig, 10–15 cm groß, in losen Büscheln; leicht gekräuselte und bogig gerandete Blütenblätter von sanftem Lachsorange. *Duft* Schön, lieblich. *Laub* Matt glänzend; mittelgrün. *Blütezeit* Den ganzen Sommer und Herbst.

- HINWEIS Schön auf Rabatten; braucht geschützten Platz mit fruchtbarem, gut aufbereitetem Boden.
- ABSTAMMUNG 'Spartan' x 'Highlight'.
- ZÜCHTER McGredy, Nordirland, 1964.
- WEITERER NAME 'Irish Beauty'.

HÖHE
75 cm

BREITE
60 cm

Floribunda-Rose
(büschelblütig)

ROSA 'In the Pink'

Wuchs Buschig, gleichmäßig. ***Blüten*** Gefüllt; schlanke, spitze Knospen erblühen mit hoher Mitte, 9 cm groß; rosa-creme, später korallenrosa. ***Duft*** Lieblich. ***Laub*** Reichlich; mittelgrün. ***Blütezeit*** Mehrfach von Sommer bis Herbst.

- HINWEIS Gute Eignung für Beete, Rabatten und Hecken, auch zum Schnitt.
- ABSTAMMUNG 'Carol Ann' x Sämling.
- ZÜCHTER Pearce, England, 1994.
- WEITERER NAME Peaverity.

HÖHE
60 cm

BREITE
60 cm

Teehybride
(großblumig)

ROSA 'Lovely Lady'

Wuchs Buschig-aufrecht. ***Blüten*** Gut gefüllt, elegant, 10 cm groß, mittelrosa. ***Duft*** Lieblich. ***Laub*** Dicht, glänzend; mittelgrün. ***Blütezeit*** Sommer bis Herbst.

- HINWEIS Exzellent für Beete, Rabatten und Hekken; schöne Schnitt- und Ausstellungsrose. Optimale Entwicklung in fruchtbarem Boden und voller Sonne bei maßvollem Rückschnitt.
- ABSTAMMUNG 'Silver Jubilee' x ('Eurorose' x 'Anabell').
- ZÜCHTER Dickson, Nordirland, 1986.
- WEITERE NAMEN 'Dickson's Jubilee', Dicjubell.

HÖHE
80 cm

BREITE
70 cm

Teehybride
(großblumig)

ROSA 'Sylvia'

Wuchs Aufrecht, stark. ***Blüten*** Gut gefüllt, becherförmig, 11 cm groß, langstielig; kräftig rosa. ***Duft*** Lieblich und zart. ***Laub*** Groß; dunkelgrün glänzend. ***Blütezeit*** Von Sommer bis Herbst.

- HINWEIS Ideal als Schnittblume, für Ausstellungen und Beete. Widerstandsfähig gegen Krankheiten; verträgt auch kärgeren Boden.
- ABSTAMMUNG 'Carina' x Sämling.
- ZÜCHTER Kordes, Deutschland, 1978.
- WEITERE NAMEN 'Kordes' Rose Sylvia', 'Congratulations', Korlift.

HÖHE
1,2–2 m

BREITE
1 m

Floribunda-Rose
(büschelblütig)

ROSA 'Hannah Gordon'

Wuchs Offen, buschig. ***Blüten*** Halbgefüllt, schalenförmig, 8 cm groß, in Büscheln; rahmweiß, zum Rand hin ins Kirschrosa spielend, intensiver bei warmer Witterung. ***Duft*** Lieblich und zart. ***Laub*** Üppig und groß; dunkelgrün glänzend. ***Blütezeit*** Den ganzen Sommer und Herbst hindurch.

- HINWEIS Geeignet zum Schnitt, für Pflanzgefäße, Beete und Rabatten. Gesund und wetterfest.
- ABSTAMMUNG Sämling x 'Bordure'.
- ZÜCHTER Kordes, Deutschland, 1983.
- WEITERE NAMEN Korweiso, 'Raspberry Ice'.

HÖHE
80 cm

BREITE
65 cm

Floribunda-Rose (büschelblütig)	

Rosa 'Heckenzauber'

Wuchs Dicht, aufrecht. ***Blüten*** Gut gefüllt, schalenförmig, geöffnet ziemlich flach und kamelienähnlich, 8 cm groß; die üppigen, hell rosaroten Büschel sprießen gleich über den Blättern. ***Duft*** Frisch und leicht. ***Laub*** Dicht; tiefgrün glänzend. ***Blütezeit*** Den ganzen Sommer und Herbst hindurch.

- HINWEIS Die außerordentlich vielseitige Rose macht sich schön in der Vase, auf Beeten und Rabatten, in Gruppenpflanzungen, in Pflanzgefäßen und auch als Hochstamm. Ihre herrlich geformten Blüten knicken nach Regen leicht um. Welke Blumen während der gesamten Saison regelmäßig entfernen; im Winter schneiden, dabei abgestorbenes oder krankes Holz gründlich entfernen und die übrigen Triebe bis zur Hälfte einkürzen.
- ABSTAMMUNG 'Seaspray' x 'Dreaming'.
- ZÜCHTER McGredy, Neuseeland, 1984.
- WEITERE NAMEN 'Sexy Rexy', Macrexy.

HÖHE
60 cm

BREITE
60 cm

Teehybride (großblumig)

Rosa 'Pink Favourite'

Wuchs Kräftig, buschig, gut verzweigt. ***Blüten*** Gefüllt, klares Rosa; lange Knospen öffnen sich in großer Zahl zu lockeren Schalen von 10 cm Größe. ***Duft*** Leicht und lieblich. ***Laub*** Schmal, glänzend; blaßgrün. ***Blütezeit*** Sommer bis Herbst.

- HINWEIS Recht krankheitsresistent; liebt sonnige, geschützte Plätze. Für Ausstellung, Rabatte und Beet.
- ABSTAMMUNG 'Juno' x ('Georg Arends' x 'New Dawn').
- ZÜCHTER Von Abrams, USA, 1956.
- WEITERER NAME 'Pink Favorite'.

HÖHE 75 cm

BREITE 60 cm

Teehybride (großblumig)

Rosa 'Primaballerina'

Wuchs Stark, aufrecht. ***Blüten*** Gefüllt, spitze Knospen, geöffnet kugelig, bis 10 cm groß; Kirschrosa, das allmählich verblaßt. ***Duft*** Kräftig, lieblich. ***Laub*** Glänzend; dunkel bronzegrün. ***Blütezeit*** Sommer bis Herbst.

- HINWEIS Eignung für Beete, Rabatten und Hecken. Wetterfest, mitunter jedoch Mehltaubefall. Ideal ist ein warmer, sonniger Standort.
- ABSTAMMUNG Sämling x 'Gloria Dei'.
- ZÜCHTER Tantau, Deutschland, 1957.
- WEITERER NAME 'Première Ballerine'.

HÖHE 1 m

BREITE 60 cm

Floribunda-Rose (büschelblütig)

Rosa 'Trier 2000'

Wuchs Dicht, buschig. ***Blüten*** Gefüllt, kugelig und ebenmäßig, 5–10 cm groß; üppige Büschel in leuchtendem Reinrosa. ***Duft*** Leicht und lieblich. ***Laub*** Reich, ledrig; dunkelgrün. ***Blütezeit*** Sommer bis Herbst.

- HINWEIS Die Rose kommt mit verschiedensten Böden und Lagen zurecht. Gut für Ausstellungen, Beete und niedrige Hecken.
- ABSTAMMUNG Unbekannt.
- ZÜCHTER Kordes, Deutschland, 1985.
- WEITERE NAMEN Kormetter, 'Anna Livia'.

HÖHE 75 cm

BREITE 60 cm

Floribunda-Rose (büschelblütig)

Rosa 'Dearest'

Wuchs Kräftig, buschig, ausbreitend. ***Blüten*** Sehr gut gefüllt, kugelig, kamelienartig, 8 cm groß; zart lachsrosa. ***Duft*** Voll und lieblich. ***Laub*** Dunkelgrün glänzend. ***Blütezeit*** Sommer bis Herbst.

- HINWEIS Ein Schmuck für Beete und Rabatten und eine gute Ausstellungsrose. Leider etwas anfällig für Sternrußtau.
- ABSTAMMUNG Sämling x 'Spartan'.
- ZÜCHTER Dickson, Nordirland, 1960.

HÖHE 60 cm

BREITE 60 cm

Teehybride (großblumig)	

ROSA 'Blessings' 🏆

Wuchs Kräftig, aufrecht, sehr reichblühend. ***Blüten*** Gut gefüllt, becherförmig, 10 cm groß; einzeln und in Büscheln; korallenrosa. ***Duft*** Zart, aber lieblich. ***Laub*** Groß; mittelgrün, an dunklen Trieben. ***Blütezeit*** Wiederholt den Sommer und Herbst hindurch.

- HINWEIS Robust und krankheitsresistent. Schön als Vasenschmuck, in Rabatten und auf größeren Flächen.
- ABSTAMMUNG 'Queen Elizabeth' x Sämling.
- ZÜCHTER Gregory, England, 1968.

☼ 💧 ❄❄❄

HÖHE 1 m

BREITE 75 cm

Teehybride (großblumig)	

ROSA 'Silver Jubilee' 🏆

Wuchs Dicht, aufrecht, reicher Flor. ***Blüten*** Gut gefüllt, elegant, 10–12 cm groß; frisches Rosa, kupfrig und pfirsichrosa schattiert. ***Duft*** Leicht und frisch. ***Laub*** Reich, groß; dunkelgrün glänzend. ***Blütezeit*** Sommer bis Herbst.

- HINWEIS Für Beete und Rabatten, hübsch in der Vase. Außergewöhnlich robust und blühwillig. Mitunter tritt Sternrußtau auf.
- ABSTAMMUNG Sämling x 'Mischief'.
- ZÜCHTER Cocker, Schottland, 1978.

☼ 💧 ❄❄❄

HÖHE 1,1 m

BREITE 75 cm

Floribunda-Rose (büschelblütig)	

ROSA 'Münchner Kindl' 🏆

Wuchs Buschig, stark. ***Blüten*** Gefüllt, elegant, 8 cm groß; ansehnliche Büschel in Lachsrosa. ***Duft*** Lieblich, aber schwach. ***Laub*** Glänzend dunkelgrün. ***Blütezeit*** Zuverlässig öfterblühend von Sommer bis Frühherbst.

- HINWEIS Zu empfehlen für Ausstellungen, als Kübelbepflanzung, für Beete und Rabatten.
- ABSTAMMUNG 'Coventry Cathedral' x 'Memento'.
- ZÜCHTER Dickson, Nordirland, 1983.
- WEITERE NAMEN Dickimono, 'Dicky', 'Anisley Dickson'.

☼ 💧 ❄❄❄

HÖHE 1 m

BREITE 75 cm

Teehybride (großblumig)	

ROSA 'Esmeralda'

Wuchs Buschig, aufrecht, ziemlich ungleichmäßig. ***Blüten*** Gut gefüllt, kugelig, 12 cm groß, leuchtend altrosa; nach dem völligen Erblühen Petalen zurückgebogen. ***Duft*** Mäßig stark, frisch, lieblich. ***Laub*** Dicht; dunkelgrün glänzend. ***Blütezeit*** Sommer bis Herbst.

- HINWEIS Wetterfest; gut für Beete und Rabatten, Hecken und Ausstellungen.
- ABSTAMMUNG Sämling x 'Red Planet'.
- ZÜCHTER Kordes, Deutschland, 1980.
- WEITERE NAMEN 'Keepsake', Kormalda.

☼ 💧 ❄❄❄

HÖHE 75 cm

BREITE 60 cm

Floribunda-Rose (büschelblütig)

ROSA 'Escapade'

Wuchs Dicht, strauchig. ***Blüten*** Halbgefüllt, schalenförmig, 8 cm groß, in üppigen, lockeren Büscheln; violettrosa mit hellerer Mitte. ***Duft*** Leicht, frisch und lieblich. ***Laub*** Dicht; glänzendes Mittelgrün. ***Blütezeit*** Von Sommer bis Herbst.

• HINWEIS Die Sorte ist robust, verläßlich, krankheitsresistent und wetterbeständig. Sie liefert schöne Schnittblumen und ist eine lohnende Wettbewerbsrose. Darüber hinaus stellt sie mit ihren anmutigen Blüten, die unablässig über einen langen Zeitraum sprießen, und ihrer natürlichen Erscheinung eine wertvolle Bereicherung für Mischrabatten dar. Besonders harmoniert sie mit Mehrjährigen mit rahmweißen, rosaroten oder tiefblauen Blüten. Schön fügt sie sich auch in weniger formale Pflanzungen.

• ABSTAMMUNG 'Pink Parfait' x 'Baby Faurax'.

• ZÜCHTER Harkness, England, 1967.

• WEITERER NAME Harpade.

HÖHE
80–120 cm

BREITE
65 cm

Teehybride
(großblumig)

ROSA 'Abbeyfield Rose'

Wuchs Kompakt, buschig. ***Blüten*** Gut gefüllt, elegant, bis 10 cm groß; relativ locker angeordnete Petalen in dunklem Rosarot formieren sich zu eleganten Blüten mit hoher Mitte. ***Duft*** Lieblich, aber leicht.
Laub Dicht; dunkelgrün glänzend. ***Blütezeit*** Wiederholt den ganzen Sommer und Herbst.

- HINWEIS Ausgezeichnet für Beete, Rabatten und flächige Pflanzungen.
- ABSTAMMUNG 'Bad Nauheim' x 'Silver Jubilee'.
- ZÜCHTER Cocker, Schottland, 1985.
- WEITERER NAME Cocbrose.

HÖHE
60–75 cm

BREITE
60 cm

Floribunda-Rose
(büschelblütig)

ROSA 'Regensberg'

Wuchs Buschig kompakt, gleichmäßig. ***Blüten*** Gefüllt, schalenförmig, 12 cm groß, in stattlichen, lockeren Büscheln; zartrosa, Mitte und Ränder weiß, Außenseite heller. ***Duft*** Leicht. ***Laub*** Hellgrün glänzend. ***Blütezeit*** Sommer bis Herbst.

- HINWEIS Vorzüglich für Beete und in Gruppen.
- ABSTAMMUNG 'Geoff Boycott' x 'Old Master'.
- ZÜCHTER McGredy, Neuseeland, 1979.
- WEITERE NAMEN Macyoumis, 'Buffalo Bill', 'Young Mistress'.

HÖHE
40 cm

BREITE
50 cm

Floribunda-Rose
(büschelblütig)

ROSA 'City of Leeds'

Wuchs Harmonisch, kompakt, buschig. ***Blüten*** Gefüllt, schalenförmig, 5–10 cm groß; vielblumige, lockere Büschel in Lachsrosa. ***Duft*** Sehr zart.
Laub Groß; dunkelgrün glänzend. ***Blütezeit*** Öfters von Sommer bis Herbst.

- HINWEIS Beste Entwicklung bei rigorosem Schnitt im ersten Jahr und anschließend mäßigem Schnitt. Gute Ausstellungs- und Beetrose.
- ABSTAMMUNG 'Irish Wonder' x ('Spartan' x 'Schweizer Gruß').
- ZÜCHTER McGredy, Nordirland, 1966.

HÖHE
75 cm

BREITE
60 cm

Floribunda-Rose
(büschelblütig)

ROSA 'Piccolo'

Wuchs Geschlossen, buschig. ***Blüten*** Gefüllt, kugelig, 6 cm groß, Knospen anmutig und kugelig; zahlreich in ansehnlichen Büscheln von hellem Tomatenrot. ***Duft*** Schwach. ***Laub*** Glänzend; rot überhauchtes Mittelgrün. ***Blütezeit*** Sommer bis Herbst.

- HINWEIS Für Beete, den vorderen Rabattenbereich und niedrige Hecken zu empfehlen. Wetterfest.
- ABSTAMMUNG Unbekannt.
- ZÜCHTER Tantau, Deutschland, 1984.
- WEITERER NAME Tanolokip, 'Piccola'.

HÖHE
50 cm

BREITE
50 cm

Floribunda-Rose
(büschelblütig)

ROSA 'Fred Loads'

Wuchs Kräftig, aufrecht, hoch. ***Blüten*** Halbgefüllt, schalenförmig, 5–10 cm groß, in dicken Büscheln; kräftiges Zinnober-Orange. ***Duft*** Mäßig. ***Laub*** Voll, groß; mittelgrün. ***Blütezeit*** Wiederholt von Sommer bis Herbst.

- HINWEIS Robust, krankheitsresistent. Exzellent für Wettbewerbe, gut in größeren Gärten und als Sichtschutz; starker Neuaustrieb aus der Basis.
- ABSTAMMUNG Vermutlich 'Dorothy Wheatcroft' x 'Orange Sensation'.
- ZÜCHTER Holmes, England, 1967.

HÖHE
2 m

BREITE
1 m

Teehybride
(großblumig)

ROSA 'Mischief'

Wuchs Stark, aufrecht, reichblühend. ***Blüten*** Gefüllt, becherförmig, 10 cm groß; lachsrosa, Herbstblüten dunkler. ***Duft*** Leicht. ***Laub*** Dicht; hellgrün. ***Blütezeit*** Sommer bis Herbst.

- HINWEIS Gut zum Vasenschnitt, für Beete, Rabatten und Pflanzkübel. Generell gesund, aber anfällig für Rost.
- ABSTAMMUNG 'Gloria Dei' x 'Spartan'.
- ZÜCHTER McGredy, Nordirland, 1961.
- WEITERER NAME Macmi.

HÖHE
1 m

BREITE
60 cm

Teehybride
(großblumig)

ROSA 'Super Star'

Wuchs Kräftig, ungleichmäßig; gut verzweigt, reichblühend. ***Blüten*** Gefüllt, elegant, 12 cm groß; strahlend lachsorange. ***Duft*** Leicht und frisch. ***Laub*** Matt glänzend; mittelgrün. ***Blütezeit*** Sommer bis Herbst.

- HINWEIS Eignung für Beete und Rabatten, wegen der Farbe jedoch sorgsam zu plazieren. Mehltaugefährdet.
- ABSTAMMUNG (Sämling x 'Gloria Dei') x (Sämling x 'Alpenglühen').
- ZÜCHTER Tantau, Deutschland, 1960.
- WEITERE NAMEN 'Tropicana', Tanorstar.

HÖHE
1,1 m

BREITE
90 cm

Teehybride
(großblumig)

ROSA 'Red Star'

Wuchs Buschig, ungleichmäßig, stark. ***Blüten*** Gut gefüllt, kugelig, 10 cm groß, leuchtend dunkelrot; kräftige Stiele. ***Duft*** Schwach. ***Laub*** Reich, matt glänzend, ledrig; mittelgrün. ***Blütezeit*** Sommer bis Herbst.

- HINWEIS Hervorragend für Beete, Rabatten, Hekken und Pflanzbehälter, gute Schnitt- und Ausstellungsrose. Auch unter Glas zu ziehen.
- ABSTAMMUNG 'Red Planet' x 'Franklin Engelmann'.
- ZÜCHTER Dickson, Nordirland, 1974.
- WEITERE NAMEN 'Opa Pötschke', 'Precious Platinum'.

HÖHE
1 m

BREITE
60 cm

Teehybride (großblumig)

ROSA 'Duftwolke'

Wuchs Buschig dicht. ***Blüten*** Gefüllt, kugelig, 12 cm groß; von Korallenrot über Mattscharlach zu Purpurrot verblühend. ***Duft*** Kräftig und angenehm. ***Laub*** Voll, groß und ledrig; dunkelgrün. ***Blütezeit*** Öfters von Sommer bis Herbst.

• HINWEIS Gut für Gruppenpflanzungen, als Schnittrose und für Ausstellungen zu verwenden. Mit ihren zuverlässig über lange Zeit erscheinenden Blüten und dem dichten, straff aufrechten Wuchs empfiehlt sich 'Duftwolke' besonders für Beete in einem formalen Rosengarten. Sie zeichnet sich durch Frosthärte und Robustheit aus, dazu durch einen bemerkenswert starken Duft. Allerdings neigen die Blumen bei Regen zum Verkleben. Bei heißer Witterung zeigen sie im Verblühen kräftige purpurrote Töne.

• ABSTAMMUNG Sämling x 'Primaballerina'.

• ZÜCHTER Tantau, Deutschland, 1963.

• WEITERE NAMEN 'Nuage Parfumé', 'Fragrant Cloud', Tanellis.

HÖHE
75 cm

BREITE
60 cm

Teehybride (großblumig)

Rosa 'Duftzauber 84'

Wuchs Kräftig, aufrecht. ***Blüten*** Gut gefüllt, elegant, 12 cm groß, langgestielt; samtiges Blutrot. ***Duft*** Lieblich. ***Laub*** Groß; matt glänzend, dunkelgrün. ***Blütezeit*** Sommer bis Herbst.

- HINWEIS Perfekte Schnittrose, wobei die Qualität der Blumen saisonbedingt schwankt. Schön für Beete, Rabatten und als Hochstamm.
- ABSTAMMUNG 'Feuerzauber' x Sämling.
- ZÜCHTER Kordes, Deutschland, 1984.
- WEITERE NAMEN Korzaun, 'Royal William', 'Fragrant Charm 84'.

HÖHE 1 m

BREITE 75 cm

Floribunda-Rose (büschelblütig)

Rosa 'Disco Dancer'

Wuchs Buschig, dicht. ***Blüten*** Halbgefüllt, schalenförmig, 6 cm groß, in vielblumigen Büscheln von lebhaftem Orangescharlach. ***Duft*** Sehr leicht. ***Laub*** Dicht; dunkelgrün glänzend. ***Blütezeit*** Den ganzen Sommer bis in den Herbst.

- HINWEIS Ausgezeichnet als alleinige Beetbepflanzung, gut als Hecke; mit Formschnitt auch im Kübel zu ziehen.
- ABSTAMMUNG 'Coventry Cathedral' x 'Memento'.
- ZÜCHTER Dickson, Nordirland, 1984.
- WEITERER NAME Dicinfra.

HÖHE 75 cm

BREITE 60 cm

Teehybride (großblumig)

Rosa 'Double Delight'

Wuchs Buschig, staksig, reich verzweigt. ***Blüten*** Gut gefüllt, kugelig, 12 cm groß; cremeweiß, karminrosa überhaucht und gerandet. ***Duft*** Kräftig, lieblich. ***Laub*** Üppig; mittelgrün. ***Blütezeit*** Wiederholt von Sommer bis Herbst.

- HINWEIS Gedeiht gut unter Glas, im Freien wegen der regenempfindlichen Blüten am besten bei trokkener Wärme. Schöne Schnitt- und Ausstellungsrose.
- ABSTAMMUNG 'Granada' x 'Garden Party'.
- ZÜCHTER Swim and Ellis, USA, 1977.
- WEITERER NAME Andeli.

HÖHE 1 m

BREITE 60 cm

Floribunda-Rose (büschelblütig)

Rosa 'Melody Maker'

Wuchs Dicht, buschig-aufrecht. ***Blüten*** Gefüllt, kugelig, 9 cm groß; zwischen dem Laub vielblumige Büschel in hellem Zinnoberrot. ***Duft*** Leicht. ***Laub*** Voll, glänzend; dunkelgrün. ***Blütezeit*** Sommer bis Herbst.

- HINWEIS Für Pflanzgefäße, Beete und Rabatten geeignet.
- ABSTAMMUNG Sämling von 'Münchner Kindl'.
- ZÜCHTER Dickson, Nordirland, 1991.
- WEITERER NAME Dicqueen.

HÖHE 70 cm

BREITE 60 cm

Teehybride (großblumig)	

ROSA 'Burgund 81'

Wuchs Robust, aufrecht. *Blüten* Gut gefüllt, elegant, 12 cm groß; an langen, kräftigen Stielen in leuchtendem Samtblutrot. *Duft* Leicht und lieblich.
Laub Groß; dunkelgrün. *Blütezeit* Sommer bis Herbst.
• HINWEIS Exzellent für Wettbewerbe, schön für große Rabatten und Beete.
• ABSTAMMUNG Sämling x 'Red Planet'-Sämling.
• ZÜCHTER Kordes, Deutschland, 1981.
• WEITERE NAMEN 'Loving Memory', 'Red Cedar', Korgund.

HÖHE
1,1 m

BREITE
75 cm

Floribunda-Rose (büschelblütig)	

ROSA 'Lilli Marleen'

Wuchs Kräftig, buschig, gut verzweigt und bestachelt. *Blüten* Gefüllt, kugelig, 8 cm groß; prächtige Büschel von samtigem, intensivem Dunkelrot.
Duft Sehr leicht. *Laub* Glänzend; dunkel bronzegrün. *Blütezeit* Sommer bis Herbst.
• HINWEIS Für Ausstellungen, Hecken, Beete und Rabatten zu empfehlen. Grundsätzlich gesund, aber leicht anfällig für Sternrußtau.
• ABSTAMMUNG ('Our Princess' x 'Rudolph Timm') x 'Ama'.
• ZÜCHTER Kordes, Deutschland, 1959.

HÖHE
70 cm

BREITE
60 cm

Floribunda-Rose (büschelblütig)	

ROSA 'Matangi'

Wuchs Buschig dicht, wohlproportioniert. *Blüten* Lokker gefüllt, schalenförmig, bis 9 cm groß; üppige Büschel in leuchtendem Orangerot mit silbrigweißer Mitte, außen silbrig. *Duft* Zart. *Laub* Reich; tiefgrün glänzend. *Blütezeit* Sommer bis Herbst.
• HINWEIS Winterhart und gesund, vor allem, wenn gut gemulcht wird. Für Ausstellungen, Beete und Rabatten.
• ABSTAMMUNG Sämling x 'Picasso'.
• ZÜCHTER McGredy, Neuseeland, 1974.
• WEITERER NAME Macman.

HÖHE
80 cm

BREITE
60 cm

Floribunda-Rose (büschelblütig)

ROSA 'Rock 'n' Roll'

Wuchs Dicht, aufrecht. ***Blüten*** Halbgefüllt, schalenförmig, 5–10 cm groß, leicht gewellte Petalen; orangescharlach, zum Rand hin weiß verblassend, gelber Ansatz, außen blaßgelb. ***Duft*** Schwach. ***Laub*** Dicht, groß; dunkelgrün. ***Blütezeit*** Sommer bis Herbst.

- HINWEIS Schön in der Vase, für Beete und Pflanzgefäße.
- ABSTAMMUNG 'Heckenzauber' x 'Maestro'.
- ZÜCHTER McGredy, Neuseeland, 1988.
- WEITERE NAMEN Macfirwal, 'Tango', 'Stretch Johnson'.

HÖHE 75 cm

BREITE 60 cm

Teehybride (großblumig)

ROSA 'Papa Meilland'

Wuchs Aufrecht, staksig. ***Blüten*** Gefüllt, elegant mit hoher Mitte, bis 15 cm groß; samtig dunkelrot. ***Duft*** Lieblich, schwer. ***Laub*** Groß, ledrig; dunkelgrün. ***Blütezeit*** Öfters von Sommer bis Herbst.

- HINWEIS Gute Schnitt- und Wettbewerbsrose. Anfällig für Mehltau, Sternrußtau und Zurückfrieren. Liebt fruchtbaren Boden und geschützte Lagen.
- ABSTAMMUNG 'Chrysler Imperial' x 'Charles Mallerin'.
- ZÜCHTER Meilland, Frankreich, 1963.
- WEITERER NAME Meisar.

HÖHE 90 cm

BREITE 60 cm

Teehybride (großblumig)

ROSA 'Bad Nauheim'

Wuchs Kompakt, buschig-aufrecht, reichblühend. ***Blüten*** Gut gefüllt, becherförmig, 10 cm groß; einzeln und in Büscheln in haltbarem Hellrubinrot. ***Duft*** Sehr schwach. ***Laub*** Voll, matt; rötlich überhauchtes Dunkelgrün. ***Blütezeit*** Sommer bis Herbst.

- HINWEIS Für Beete, Rabatten und Pflanzgefäße zu empfehlen.
- ABSTAMMUNG 'Irish Wonder' x 'King of Hearts'.
- ZÜCHTER McGredy, Nordirland, 1970.
- WEITERER NAME 'National Trust'.

HÖHE 60 cm

BREITE 60 cm

Floribunda-Rose (büschelblütig)

ROSA 'Mariandel'

Wuchs Ausbreitend, kompakt, gleichmäßig. ***Blüten*** Gefüllt, schalenförmig, 8–10 cm groß; leuchtend dunkelrot mit gelben Staubblättern. ***Duft*** Leicht. ***Laub*** Üppig, dick; glänzendes Grün mit einem Hauch Purpur. ***Blütezeit*** Von Sommer bis Herbst.

- HINWEIS Für Kübel, Beete, Hecken und Gruppen, als Vasenschmuck und für Ausstellungen.
- ABSTAMMUNG 'Tornado' x 'Redgold'.
- ZÜCHTER Kordes, Deutschland, 1985.
- WEITERE NAMEN Korpeahn, 'Carl Philip', 'Christian IV.', 'The Times Rose'.

HÖHE 60 cm und mehr

BREITE 75 cm

Kompakte Floribunda-Rose (büschelblütig)	

ROSA 'Drummer Boy'

Wuchs Buschig, ausbreitend. ***Blüten*** Halbgefüllt, schalenförmig, 5 cm groß, mit leicht gekräuselten Petalen; ansehnliche, dichte Büschel von sattem Blutrot. ***Duft*** Schwach. ***Laub*** Klein, aber reichlich; dunkelgrün. ***Blütezeit*** Sommer bis Herbst.

• HINWEIS Eine gute Wahl für niedrige Hecken oder den vorderen Bereich von Mischrabatten und Rosenbeeten. Auch in größeren Pflanzgefäßen, etwa auf der Terrasse, bilden die zahlreich erscheinenden, intensiv leuchtenden und gewellten Blüten einen attraktiven Blickfang. Die kräftige, robuste Rose verfügt über attraktives, dichtes Laub und blüht über einen langen Zeitraum. Auch mit extremer Witterung kommt sie bestens zurecht.

• ABSTAMMUNG Sämling x 'Red Sprite'.

• ZÜCHTER Harkness, England, 1987.

• WEITERER NAME Harvacity.

☼ ◊
❄❄❄

HÖHE
50 cm

BREITE
50 cm

Teehybride (großblumig)

ROSA 'Alec's Red'

Wuchs Kräftig, buschig, reich verzweigt. ***Blüten*** Gut gefüllt, elegant, 15 cm und mehr, in sattem Kirschrot. ***Duft*** Lieblich, voll und schwer. ***Laub*** An stacheligen Zweigen; dunkelgrün. ***Blütezeit*** Wiederholt den ganzen Sommer und Herbst.

- HINWEIS Exzellent zum Schnitt und für Ausstellungen, auch für Rabatten, Hecken und Gruppenpflanzungen.
- ABSTAMMUNG 'Duftwolke' x 'Dame de Cœur'.
- ZÜCHTER Cocker, Schottland, 1970.
- WEITERER NAME Cored.

HÖHE 1 m

BREITE 60 cm

Teehybride (großblumig)

ROSA 'Red Devil'

Wuchs Kräftig, buschig. ***Blüten*** Gut gefüllt, elegant, 15 cm und mehr; rosig scharlachrot, auf der Außenseite heller. ***Duft*** Lieblich. ***Laub*** Groß; dunkelgrün glänzend. ***Blütezeit*** Sommer bis Herbst.

- HINWEIS Eine lohnende Schnitt- und Ausstellungsrose, Blüten jedoch nicht sehr regenfest.
- ABSTAMMUNG 'Silver Lining' x 'Primaballerina'-Sämling.
- ZÜCHTER Dickson, Nordirland, 1967.
- WEITERER NAME 'Cœur d'Amour'.

HÖHE 1 m

BREITE 75 cm

Floribunda-Rose (büschelblütig)

ROSA 'Lübecker Rotspon'

Wuchs Buschig-aufrecht, kompakt. ***Blüten*** Gefüllt, schalenförmig, mit samtigen Petalen; gleichmäßige, lockere Büschel in sattem, dunklem Blutrot. ***Duft*** Leicht. ***Laub*** Stark glänzend; dunkelgrün. ***Blütezeit*** Fortlaufend den ganzen Sommer.

- HINWEIS Anfällig für Sternrußtau, ansonsten robust. Für Rabatten und Hecken.
- ABSTAMMUNG Unbekannt.
- ZÜCHTER Tantau, Deutschland, 1988.
- WEITERE NAMEN Tantide, 'Glad Tidings'.

HÖHE 75 cm

BREITE 60 cm

Teehybride (großblumig)

ROSA 'Ruby Wedding'

Wuchs Aufrecht, gut verzweigt. ***Blüten*** Gefüllt, kugelig, bis 10 cm groß; klares, samtiges Rubinrot. ***Duft*** Leicht und lieblich. ***Laub*** Eher licht; matt glänzendes Mittelgrün. ***Blütezeit*** Sommer bis Herbst.

- HINWEIS Verwendung zum Schnitt, für Beete und Rabatten.
- ABSTAMMUNG 'Mayflower' x Sämling.
- ZÜCHTER Gregory, England, 1979.

HÖHE 75 cm

BREITE 60 cm

Teehybride (großblumig)

ROSA 'Ingrid Bergman'

Wuchs Aufrecht, reich verzweigt, ungleichmäßig. ***Blüten*** Gefüllt, becherförmig, 11 cm groß, langgestielt; samtige Petalen in leuchtendem, klarem Dunkelrot. ***Duft*** Schwach. ***Laub*** Ledrig, leicht glänzend; dunkelgrün. ***Blütezeit*** Von Sommer bis Herbst.

• HINWEIS In der Vase machen sich die langgestielten und wohlgeformten Blüten ausgesprochen hübsch. Die Rose eignet sich gut für Beete, Rabatten und Pflanzgefäße und läßt sich auch als Hochstamm ziehen. Sie ist winterhart und unkompliziert und gilt als eine der verläßlichsten dunkelroten Gartenrosen überhaupt. Ihre Blütenfarbe ist von bemerkenswerter Klarheit und ohne jede Andeutung von Blautönen. Trotz ihrer generellen Widerstandsfähigkeit gegen Krankheiten tritt mitunter Sternrußtau auf.

• ABSTAMMUNG Sämling von 'Red Star'.

• ZÜCHTER Poulsen, Dänemark, 1984.

• WEITERER NAME Poulman.

HÖHE
75 cm

BREITE
60 cm

Teehybride (großblumig)

ROSA 'Alexander'

Wuchs Kräftig, aufrecht, hoch. ***Blüten*** Gefüllt, elegant, bis 12 cm groß, langgestielt; leuchtendes Zinnoberrot. ***Duft*** Leicht und lieblich. ***Laub*** Reichlich, glänzend; dunkelgrün. ***Blütezeit*** Wiederholt von Sommer bis Herbst.

• HINWEIS Eine der unkompliziertesten unter allen Rosen. Die langgestielten und formvollendeten Blüten sind ideal für Blumenarrangements und halten lange, wenn man sie noch in der Knospe schneidet. Da die intensive Farbe in Pflanzungen leicht dominiert oder sich mit anderen Farben beißt, will sie mit Bedacht eingesetzt werden. 'Alexander' ist robust und widerstandsfähig gegen Krankheiten. Sie macht sich schön auf Beeten, als Hecke und vor Zäunen.

• ABSTAMMUNG 'Super Star' x ('Ann Elizabeth' x 'Allgold').

• ZÜCHTER Harkness, England, 1972.

• WEITERER NAME 'Alexandra'.

HÖHE
1,5–2 m

BREITE
75 cm

Floribunda-Rose (büschelblütig)	

ROSA 'Trumpeter' 🏆

Wuchs Gleichmäßig buschig. ***Blüten*** Gut gefüllt, schalenförmig, 6 cm groß, Knospen kugelig; große Büschel in leuchtendem Orangerot. ***Duft*** Schwach. ***Laub*** Voll; dunkelgrün glänzend. ***Blütezeit*** Den ganzen Sommer bis zum Herbst.

- HINWEIS Für Gruppenflanzungen, Beete, niedrige Hecken und Pflanzgefäße zu verwenden; auch für Ausstellungen und als Hochstamm.
- ABSTAMMUNG 'Satchmo' x Sämling.
- ZÜCHTER McGredy, Neuseeland, 1977.
- WEITERER NAME Mactrum.

HÖHE 60 cm

BREITE 50 cm

Teehybride (großblumig)	

ROSA 'Ena Harkness'

Wuchs Kräftig, locker-aufrecht, reichblühend. ***Blüten*** Gut gefüllt, becherförmig mit hoher Mitte, 10–15 cm groß; samtige Petalen in leuchtendem Karminscharlach. ***Duft*** Lieblich und stark. ***Laub*** Eher licht; mittelgrün. ***Blütezeit*** Mehrfach von Frühsommer bis Herbst.

- HINWEIS Optimal ist ein fruchtbarer, feuchtigkeitsspeichernder Boden in freier Lage. Mitunter lassen die Blüten den Kopf hängen.
- ABSTAMMUNG 'Crimson Glory' x 'Southport'.
- ZÜCHTER Norman, England, 1946.

HÖHE 75 cm

BREITE 60 cm

Floribunda-Rose (büschelblütig)	

ROSA 'Irish Wonder'

Wuchs Stark, buschig. ***Blüten*** Gefüllt, schalenförmig, ebenmäßig, 5–10 cm groß; vielblumige Büschel in strahlendem, nicht verblassendem Dunkelscharlach. ***Duft*** Gering. ***Laub*** Glänzend dunkelgrün. ***Blütezeit*** Den ganzen Sommer bis Herbst.

- HINWEIS Gut für Rabatten und Beete, in Gruppen und für Wettbewerbe. Oft vorzeitiger Laubfall.
- ABSTAMMUNG 'Moulin Rouge' x 'Korona'.
- ZÜCHTER McGredy, Nordirland, 1962.
- WEITERE NAMEN Macev, 'Evelyn Fison'.

HÖHE 70 cm

BREITE 60 cm

Floribunda-Rose (büschelblütig)	

ROSA 'Remembrance'

Wuchs Buschig, kompakt. ***Blüten*** Gefüllt, kugelig, bis 10 cm groß; in auffälligen Büscheln von intensivem Scharlachrot. ***Duft*** Leicht und lieblich. ***Laub*** Dunkelgrün glänzend. ***Blütezeit*** Von Sommer bis Herbst.

- HINWEIS Zu empfehlen für Beete, flächige Pflanzungen und Pflanzbehälter; auch als Hochstamm zu ziehen.
- ABSTAMMUNG 'Trumpeter' x 'Southampton'.
- ZÜCHTER Harkness, England, 1992.
- WEITERER NAME Harxampton.

HÖHE 65 cm

BREITE 50 cm

Teehybride (großblumig)

ROSA 'Mildred Scheel'

Wuchs Aufrecht. ***Blüten*** Gefüllt, verschieden geformt, oft mit tiefer Mitte, 10–15 cm groß; gleichmäßiges, tiefes Dunkelrot. ***Duft*** Sehr stark und lieblich. ***Laub*** Matt glänzend; dunkelgrün. ***Blütezeit*** Sommer bis Herbst.

- HINWEIS Gut auf Beeten und Rabatten einzusetzen; attraktive Schnittrose.
- ABSTAMMUNG Unbekannt.
- ZÜCHTER Tantau, Deutschland, 1976.
- WEITERER NAME 'Deep Secret'.

HÖHE
90 cm

BREITE
75 cm

Teehybride (großblumig)

ROSA 'Ernest H. Morse'

Wuchs Kräftig, aufrecht, ziemlich ebenmäßig. ***Blüten*** Gefüllt, 10–15 cm groß, zahlreich in leuchtendem Karminrot, im Verblühen matter. ***Duft*** Stark, lieblich. ***Laub*** Üppig, groß; tiefgrün glänzend. ***Blütezeit*** Wiederholt von Sommer bis Herbst.

- HINWEIS Gesund und verläßlich, empfehlenswert als Beetbepflanzung und für Ausstellungen.
- ABSTAMMUNG Unbekannt.
- ZÜCHTER Kordes, Deutschland, 1965.

HÖHE
75 cm

BREITE
60 cm

Teehybride (großblumig)

ROSA 'Rose Gaujard'

Wuchs Stark, aufrecht, verzweigt; reichblühend. ***Blüten*** Gut gefüllt, becherförmig, 10 cm groß; karminrot, außen silbrigweiß überhaucht. ***Duft*** Leicht und lieblich. ***Laub*** Voll; dunkelgrün glänzend. ***Blütezeit*** Sommer bis Herbst.

- HINWEIS Gut zum Vasenschnitt und für Wettbewerbe, für Hecken und Rabatten. Robust, gesund, unkompliziert.
- ABSTAMMUNG 'Gloria Dei' x 'Opéra'-Sämling.
- ZÜCHTER Gaujard, Frankreich, 1957.
- WEITERER NAME Gaumo.

HÖHE
1,1 m

BREITE
75 cm

Teehybride (großblumig)

ROSA 'Big Purple'

Wuchs Aufrecht, reich verzweigt. ***Blüten*** Gefüllt, imposant mit hoher Mitte, 10–15 cm groß; kräftig karminpurpur. ***Duft*** Schwer. ***Laub*** Groß; dunkelgrün. ***Blütezeit*** Sommer bis Herbst.

- HINWEIS Für Beet und Rabatte, jedoch aufgrund der Farbe mit Bedacht zu plazieren; auch für Vase und Ausstellung. Robust und gesund.
- ABSTAMMUNG Sämling x 'Purple Splendour'.
- ZÜCHTER Stephens, Neuseeland, 1987.
- WEITERE NAMEN Stebigpu, 'Nuit d'Orient', 'Stephens' Big Purple'.

HÖHE
90 cm

BREITE
60 cm

Floribunda-Rose
(büschelblütig)

ROSA 'News'

Wuchs Ziemlich kompakt, aufrecht. ***Blüten*** Gefüllt, schalenförmig, geöffnet flach, 8 cm groß; dicke Büschel von strahlendem Purpur. ***Duft*** Leicht. ***Laub*** Dicht, matt glänzend; mittelgrün. ***Blütezeit*** Sommer bis Herbst.

- HINWEIS Schön als Schnittrose, für Beete und Hecken, Eignung für Topfkultur. Wetterfest.
- ABSTAMMUNG 'Lilac Charm' x 'Tuscany Superb'.
- ZÜCHTER LeGrice, England, 1968.
- WEITERER NAME Legnews.

HÖHE
60 cm

BREITE
50 cm

Teehybride
(großblumig)

ROSA 'Mainzer Fastnacht'

Wuchs Aufrecht, locker, stark verzweigt. ***Blüten*** Gut gefüllt, elegant, 10 cm groß; fliederlila, bei viel Sonne bläulich. ***Duft*** Lieblich. ***Laub*** Groß; mittelgrün glänzend. ***Blütezeit*** Sommer bis Herbst.

- HINWEIS Möglichst unter Glas oder an einem feuchten, freien Standort ziehen. Für Rabatte, Ausstellung, Vase.
- ABSTAMMUNG 'Sterling Silver'-Sämling x Sämling.
- ZÜCHTER Tantau, Deutschland, 1964.
- WEITERE NAMEN 'Blue Monday', 'Blue Moon', 'Sissi', Tannacht.

HÖHE
1 m

BREITE
60 cm

Floribunda-Rose
(büschelblütig)

ROSA 'Princess Alice'

Wuchs Aufrecht. ***Blüten*** Gefüllt, kugelig, 6 cm groß; an kräftigen Stielen in großen, leuchtendgelben Dolden. ***Duft*** Leicht. ***Laub*** Voll, matt glänzend; hellgrün. ***Blütezeit*** Sommer bis Herbst.

- HINWEIS Wetterfest und krankheitsresistent. Gute Schnitt- und Wettbewerbsrose; für Beete, Rabatten und Hecken.
- ABSTAMMUNG 'Judy Garland' x 'Anne Harkness'.
- ZÜCHTER Harkness, England, 1985.
- WEITERE NAMEN Hartanna, 'Zonta-Rose', 'Brite Lights'.

HÖHE
1,1 m

BREITE
60 cm

Teehybride (großblumig)	

Rosa 'Elina' 🏆

Wuchs Strauchig, kräftig, aufrecht. ***Blüten*** Gut gefüllt, kugelig, 15 cm groß; elfenbein, in der Mitte zitronengelb überlaufen. ***Duft*** Leicht. ***Laub*** Üppig, groß; dunkelgrün mit rötlichem Hauch.
Blütezeit Den ganzen Sommer und Herbst.

- HINWEIS 'Elina' ist vielseitig und einfach zu kultivieren. Als Beet- und Rabattenbepflanzung bewährt sie sich ebenso wie als Ausstellungsrose und Vasenschmuck. Sie überzeugt durch ihren ansprechenden Wuchs, eine lange Blühdauer und die klare, elegante Farbe. Ihr früherer Name 'Peaudouce', auf deutsch 'weiche Haut', spielt auf die seidigen Blütenblätter an.
- ABSTAMMUNG 'Nana Mouskouri' x 'Lolita'.
- ZÜCHTER Dickson, Nordirland, 1985
- WEITERE NAMEN Dicjana, 'Peaudouce'.

HÖHE
1,1 m

BREITE
75 cm

Floribunda-Rose (büschelblütig)

Rosa 'Arthur Bell'

Wuchs Stark, aufrecht. ***Blüten*** Halbgefüllt, schalenförmig, 8 cm groß, mit langen Petalen; einzeln und in Büscheln in Sattgelb, das später etwas verblaßt. ***Duft*** Kräftig, fruchtig und lieblich. ***Laub*** Voll; leuchtendgrün glänzend. ***Blütezeit*** Sommer bis Herbst.

- HINWEIS Für Ausstellungen, Beete, Hecken und Pflanzgefäße, auch zum Schnitt. Wetterfest, kommt mit verschiedenen Standortbedingungen zurecht.
- ABSTAMMUNG 'Cläre Grammerstorf' x 'Piccadilly'.
- ZÜCHTER McGredy, Nordirland, 1965.

HÖHE 75–100 cm

BREITE 60 cm

Teehybride (großblumig)

Rosa 'Landora'

Wuchs Aufrecht, buschig, kompakt; reichblühend. ***Blüten*** Spitze Knospen öffnen sich zu gefüllten, rundlichen Schalen von 10 cm Durchmesser; leuchtendes Reingelb, das nicht verblaßt. ***Duft*** Leicht und frisch. ***Laub*** Mittelgrün glänzend. ***Blütezeit*** Sommer bis Herbst.

- HINWEIS Eignung für Beete und Rabatten. Besonders frosthart.
- ABSTAMMUNG Sämling x 'King's Ransom'.
- ZÜCHTER Tantau, Deutschland, 1970.
- WEITERER NAME 'Sunblest'.

HÖHE 90 cm

BREITE 60 cm

Floribunda-Rose (büschelblütig)

Rosa 'Princess Michael of Kent'

Wuchs Buschig, kompakt, gleichmäßig. ***Blüten*** Gut gefüllt, kugelig, 9 cm groß; einzeln und in Büscheln, gelb. ***Duft*** Lieblich. ***Laub*** Leuchtend- bis mittelgrün; glänzend. ***Blütezeit*** Von Sommer bis weit in den Herbst.

- HINWEIS Gesund und widerstandsfähig gegen Krankheiten. Gut zum Schnitt, für Beete, Rabatten, niedrige Hecken und Pflanzschalen.
- ABSTAMMUNG 'Isle of Man' x 'Alexander'.
- ZÜCHTER Harkness, England, 1981.
- WEITERER NAME Harlightly.

HÖHE 60 cm

BREITE 50 cm

Teehybride (großblumig)

Rosa 'Dutch Gold'

Wuchs Kräftig, aufrecht. ***Blüten*** Gut gefüllt, kugelig, 15 cm groß, in haltbarem Tiefgoldgelb. ***Duft*** Kräftig, lieblich. ***Laub*** Groß; dunkelgrün. ***Blütezeit*** Sommer bis Herbst.

- HINWEIS Gesundes, gegen Krankheiten gefeites Laub. Schön auf Rabatten und in der Vase, lohnende Ausstellungsrose.
- ABSTAMMUNG 'Peer Gynt' x 'Whisky'.
- ZÜCHTER Wisbech Plant Co., England, 1978.

HÖHE 1,1 m

BREITE 75 cm

Teehybride (großblumig)

ROSA 'Grandpa Dickson'

Wuchs Aufrecht, locker. ***Blüten*** Gefüllt, imposant mit hoher Mitte, 18 cm groß; klares Blaßgelb, bei warmer Witterung mit rosa Schimmer. ***Duft*** Leicht. ***Laub*** Spärlich; blaßgrün glänzend. ***Blütezeit*** Wiederholt von Sommer bis Herbst mit reichem Flor.

• HINWEIS Die schön geformten Blumen mit zugespitzten Petalen erregen nicht nur bei Wettbewerben Aufsehen, sondern auch in Beeten und formalen Rabatten. 'Grandpa Dickson' remontiert mit üppigem Flor, wobei das Laub allerdings gegenüber den sehr großen Blumen etwas dürftig wirken kann. Am besten entwickelt sie sich an einem vollsonnigen Standort mit fruchtbarem und feuchtigkeitsspeicherndem Boden. Regelmäßig jäten und bei längerer Trockenheit gründlich wässern.

• ABSTAMMUNG ('Kordes Perfecta' x 'Governador Braga da Cruz') x 'Piccadilly'.

• ZÜCHTER Dickson, Nordirland, 1966.

• WEITERER NAME 'Irish Gold'.

HÖHE
80 cm

BREITE
60 cm

Kompakte Floribunda-Rose (büschelblütig)	

ROSA 'Baby Love'

Wuchs Kompakt, buschig, aufrecht. ***Blüten*** Einfach, schalenförmig, etwa 5 cm groß; in lockeren Büscheln von strahlendem Gelb mit aufragenden Staubgefäßen. ***Duft*** Lieblich, mäßig stark. ***Laub*** Reich, klein und glänzend; mittelgrün. ***Blütezeit*** Sommer bis Herbst.
- HINWEIS Gesund, reichblühend. Schön für Beete, Pflanzgefäße und niedrige Hecken.
- ABSTAMMUNG 'Sweet Magic' x (Sämling x *R. davidii* var. *elongata*).
- ZÜCHTER Scrivens, England, 1995.
- WEITERER NAME Scrivluv.

HÖHE 80 cm

BREITE 60 cm

Floribunda-Rose (büschelblütig)	

ROSA 'Benita'

Wuchs Kräftig, buschig, ungleichmäßig. ***Blüten*** Gefüllt, kugelig, bis 9 cm groß, Blattränder gewellt; große Dolden von bis zu 12 Blumen in warmem Bernsteingold. ***Duft*** Zart. ***Laub*** Reichlich, mittelgroß; matt glänzendes Mittelgrün. ***Blütezeit*** Von Sommer bis Herbst.
- HINWEIS Sehr gesund und blühwillig. Attraktive Beet- und Rabattenrose.
- ABSTAMMUNG ('Friesia' x 'Bright Smile') x Sämling.
- ZÜCHTER Dickson, Nordirland, 1995.
- WEITERER NAME Dicquarrel.

HÖHE 90 cm

BREITE 60 cm

Floribunda-Rose (büschelblütig)	

ROSA 'Golden Wedding'

Wuchs Buschig. ***Blüten*** Gefüllt, kugelig mit hoher Mitte, 12 cm groß; in Büscheln von sattem, leuchtendem Gelb mit orangefarbenen Staubgefäßen. ***Duft*** Leicht. ***Laub*** Dicht; glänzend. ***Blütezeit*** Sommer bis Herbst.
- HINWEIS In der Vase, auf Beeten und Rabatten wie auch in Pflanzgefäßen ein schöner Anblick.
- ABSTAMMUNG Unbekannt.
- ZÜCHTER Christensen, USA, 1990.
- WEITERER NAME Arokris.

HÖHE 80 cm

BREITE 60 cm

Floribunda-Rose (büschelblütig)	

ROSA 'Dania'

Wuchs Locker-aufrecht. ***Blüten*** Gefüllt, kugelig, 10 cm groß; einzeln und in Büscheln, strahlend gelb. ***Duft*** Leicht und lieblich. ***Laub*** Mittelgrün glänzend. ***Blütezeit*** Sommer bis Herbst.
- HINWEIS Gesund, verläßlich und krankheitsresistent. Für Beete, Rabatten und Pflanzgefäße.
- ABSTAMMUNG [('Chinatown' x 'Golden Masterpiece') x 'Adolf Horstmann'] x 'Yellow Pages'.
- ZÜCHTER Cocker, Schottland, 1988.
- WEITERE NAMEN Cocgold, 'Toprose'.

HÖHE 70 cm

BREITE 60 cm

Floribunda-Rose (büschelblütig)

ROSA 'Friesia'

Wuchs Gleichmäßig, kompakt, aufrecht. ***Blüten*** Gefüllt, becherförmig, 8 cm groß, leicht gewellte Petalen; ordentliche, lockere Büschel von beständigem, klarem Goldgelb. ***Duft*** Lieblich und stark. ***Laub*** Glänzendes Hellgrün. ***Blütezeit*** Sommer bis Herbst.

- HINWEIS Gründliches Mulchen und ziemlich kräftiger Schnitt unerläßlich. Gut für die Vase, für Beet und Rabatte.
- ABSTAMMUNG 'Friedrich Wörlein' x 'Spanish Sun'.
- ZÜCHTER Kordes, Deutschland, 1973.
- WEITERE NAMEN Korresia, 'Sunsprite'.

☼ ◊ ❄❄❄

HÖHE 75 cm

BREITE 60 cm

Teehybride (großblumig)

ROSA 'Helmut Schmidt'

Wuchs Gleichmäßig, aufrecht; reichblühend. ***Blüten*** Gefüllt, becherförmig, vollerblüht kugelig, 9 cm groß; in Zitronengelb auf kräftigen Stielen. ***Duft*** Leicht, lieblich und frisch. ***Laub*** Groß, matt glänzend; mittelgrün. ***Blütezeit*** Sommer bis Herbst.

- HINWEIS Gesund und wetterbeständig. Schön in der Vase, bewährt für Beete und Rabatten.
- ABSTAMMUNG 'Mabella' x Sämling.
- ZÜCHTER Kordes, Deutschland, 1979.
- WEITERE NAMEN Korbelma, 'Simba', 'Goldsmith'.

☼ ◊ ❄❄❄

HÖHE 75 cm

BREITE 60 cm

Teehybride (großblumig)

ROSA 'The Lady' 🏆

Wuchs Aufrecht, locker, gut verzweigt. ***Blüten*** Gefüllt, elegant, 10–15 cm groß, die äußeren Petalen zu Spitzen zurückgebogen; sanftes, lachsrosa überhauchtes Gelb. ***Duft*** Mäßig lieblich. ***Laub*** Glänzend; mittelgrün. ***Blütezeit*** Den ganzen Sommer und Herbst.

- HINWEIS Für Vase und Ausstellungen, Rabatten und Kübel. Robust, wetterfest und unkompliziert.
- ABSTAMMUNG 'Pink Parfait' x 'Redgold'.
- ZÜCHTER Fryer, England, 1985.
- WEITERER NAME Fryjingo.

☼ ◊ ❄❄❄

HÖHE 90 cm

BREITE 60 cm

Floribunda-Rose (büschelblütig)

ROSA 'Mountbatten' 🏆

Wuchs Dicht, aufrecht. ***Blüten*** Gut gefüllt, kugelig, 10 cm groß, mit ebenmäßigen, runden Knospen; einzeln und in Büscheln, mimosengelb. ***Duft*** Lieblich. ***Laub*** Dunkelgrün. ***Blütezeit*** Sommer bis Herbst.

- HINWEIS Robust, unkompliziert. Für Rabatten, Beete und Hecken; exzellent als Hochstamm und, leicht geschnitten, ein attraktiver Solitärstrauch.
- ABSTAMMUNG 'Peer Gynt' x [('Anne Cocker' x 'Arthur Bell') x 'Southampton'].
- ZÜCHTER Harkness, England, 1982.
- WEITERER NAME Harmantelle.

☼ ◊ ❄❄❄

HÖHE 1–1,5 m je nach Schnitt

BREITE 80 cm

Floribunda-Rose (büschelblütig)

ROSA 'Allgold'

Wuchs Kräftig, kompakt. ***Blüten*** Gefüllt, kugelig, 5–10 cm groß, in goldgelben Dolden. ***Duft*** Leicht, aber lieblich. ***Laub*** Dunkelgrün glänzend. ***Blütezeit*** Den ganzen Sommer und Herbst.

- HINWEIS Die Rose behält auch in der Vase ihre klare Farbe, bis die Blütenblätter fallen. Obwohl sie kräftig ist und über dichtes, widerstandsfähiges Laub verfügt, erscheint sie insgesamt zierlich und sprengt selten den ihr zugewiesenen Rahmen. Sie eignet sich gut als Beetbepflanzung und macht sich auch hübsch als vorderer Abschluß einer Rabatte. Auf kräftigen Schnitt reagiert sie mit starkem Neuaustrieb aus der Basis.
- ABSTAMMUNG 'Goldilocks' x 'Ellinor LeGrice'.
- ZÜCHTER LeGrice, England, 1956.

HÖHE
60–70 cm

BREITE
50 cm

Teerose

ROSA 'Lady Hillingdon'

Wuchs Aufrecht; schlanke, überhängende, rötlich getönte Triebe. ***Blüten*** Halbgefüllt, schalenförmig, bis 15 cm groß, nickend; lockere Büschel in Apricotgelb. ***Duft*** Voll, fruchtig, nach Tee. ***Laub*** Glänzend tiefgrün, im Austrieb purpurn schattiert. ***Blütezeit*** Ab Sommer, in geschützter Lage bis Wintermitte.

• HINWEIS Braucht einen warmen, geschützten Platz mit fruchtbarem Boden. Geeignet zur Kultur in Rabatten, Kübeln und unter Glas.
• ABSTAMMUNG Evtl. 'Papa Gontier' x 'Mme Hoste'.
• ZÜCHTER Lowe and Shawyer, England, 1910.

☼ ◊ ❄❄❄

HÖHE
75 cm

BREITE
60 cm

Floribunda-Rose (büschelblütig)

ROSA 'Harvest Fayre'

Wuchs Buschig. ***Blüten*** Gefüllt, becherförmig bis kugelig, 6 cm groß; hübsch angeordnete Büschel von weichem Apricot. ***Duft*** Leicht, frisch und lieblich. ***Laub*** Reich; glänzendes Gelblichgrün. ***Blütezeit*** Den ganzen Sommer bis in den Spätherbst.

• HINWEIS Für Hecken und Rabatten zu empfehlen. Regelmäßiges Entfernen welker Blüten garantiert einen schönen Flor.
• ABSTAMMUNG Sämling x 'Bright Smile'.
• ZÜCHTER Dickson, Nordirland, 1990.
• WEITERER NAME Dicnorth.

☼ ◊ ❄❄❄

HÖHE
75 cm

BREITE
60 cm

Teehybride (großblumig)

ROSA 'King's Ransom'

Wuchs Aufrecht, sehr blühwillig. ***Blüten*** Gefüllt, becherförmig, geöffnet flach, 12 cm groß; an langen, kräftigen Stielen; sattes, haltbares Goldgelb. ***Duft*** Lieblich und frisch, aber mäßig stark. ***Laub*** Ledrig; dunkelgrün. ***Blütezeit*** Sommer bis Herbst.

• HINWEIS Für Kübelbepflanzung, Beete, Rabatten und Hecken, auch schön in der Vase.
• ABSTAMMUNG 'Golden Masterpiece' x 'Lydia'.
• ZÜCHTER Morey, USA, 1961.

☼ ◊ ❄❄❄

HÖHE
90 cm

BREITE
60 cm

Teehybride (großblumig)

ROSA 'Freedom' 🏆

Wuchs Gleichmäßig, buschig, dicht. ***Blüten*** Gefüllt, kugelig, 9 cm groß; zahlreich in Leuchtendgelb. ***Duft*** Mäßig. ***Laub*** Voll; glänzend grün. ***Blütezeit*** Sommer bis Herbst.

• HINWEIS Gesund. Als alleinige Beetbepflanzung farblich besonders eindrucksvoll. Die Sorte begrüßt einen gemäßigten Winterschnitt.
• ABSTAMMUNG ('Eurorose' x 'Taifun') x 'Bright Smile'.
• ZÜCHTER Dickson, Nordirland, 1984.
• WEITERER NAME Dicjem.

☼ ◊ ❄❄❄

HÖHE
75 cm

BREITE
60 cm

Floribunda-Rose (büschelblütig)	

ROSA 'Bright Smile'

Wuchs Dicht, buschig, ebenmäßig. ***Blüten*** Halbgefüllt, flach, 8 cm groß, anmutig schlanke Knospen; butterblumengelb. ***Duft*** Leicht und lieblich.
Laub Glänzendes Leuchtendgrün, oft mit zartrotem Schimmer. ***Blütezeit*** Sommer bis Herbst.

- HINWEIS Für Beete, Rabatten, niedrige Hecken und kleinere Gärten empfehlenswert. Wetterfest.
- ABSTAMMUNG 'Eurorose' x Sämling.
- ZÜCHTER Dickson, Nordirland, 1980.
- WEITERER NAME Dicdance.

☼ 💧 ❄❄❄

HÖHE 45 cm

BREITE 45 cm

Floribunda-Rose (büschelblütig)	

ROSA 'Glenfiddich'

Wuchs Aufrecht. ***Blüten*** Gefüllt, becherförmig, 10 cm groß, wohlgeformt; einzeln oder in Büscheln, satt bernsteingelb. ***Duft*** Lieblich und fruchtig.
Laub Dunkelgrün glänzend. ***Blütezeit*** Sommer bis Herbst.

- HINWEIS Optimal ist ein Platz, der vor kaltem Wind und strengem Frost geschützt ist. Gut mulchen und konkurrierende Unkräuter jäten. Im Winter abgestorbenes Holz entfernen.
- ABSTAMMUNG Sämling x ('Sabine' x 'Circus').
- ZÜCHTER Cocker, Schottland, 1976.

☼ 💧 ❄❄❄

HÖHE 75 cm

BREITE 60 cm

Teehybride (großblumig)	

ROSA 'Pot o' Gold'

Wuchs Buschig, kräftig, gleichmäßig. ***Blüten*** Gut gefüllt, kugelig, 9 cm groß; einzeln oder in großen, vielblumigen Büscheln von reinem Goldgelb.
Duft Voll und lieblich bis fruchtig. ***Laub*** Sattes, glänzendes Grün. ***Blütezeit*** Sommer bis Herbst.

- HINWEIS Exzellent für Beete und Gruppenpflanzungen. Schön als Hochstamm und in der Vase.
- ABSTAMMUNG 'Eurorose' x 'Whisky'.
- ZÜCHTER Dickson, Nordirland, 1980.
- WEITERER NAME Dicdivine.

☼ 💧 ❄❄❄

HÖHE 75 cm

BREITE 60 cm

Teehybride (großblumig)	

ROSA 'Warm Wishes'

Wuchs Aufrecht, locker, kräftig und reichblühend.
Blüten Gefüllt, kugelig, 15 cm groß, in Lachsrosa mit einem Hauch Pfirsich. ***Duft*** Stark und lieblich.
Laub Matt glänzendes Dunkelgrün.
Blütezeit Sommer bis Herbst.

- HINWEIS Vorzüglich als Schnittrose, in Beeten und Rabatten. Auch als Hochstamm zu ziehen.
- ABSTAMMUNG 'Pot o' Gold' x (Sämling x 'Cheshire Life').
- ZÜCHTER Fryer, England, 1994.
- WEITERER NAME Fryxotic.

☼ 💧 ❄❄❄

HÖHE 1,1 m

BREITE 70 cm

Teehybride (großblumig)	

ROSA 'Fulton Mackay'

Wuchs Stark, buschig, aufrecht. ***Blüten*** Gefüllt, becherförmig mit hoher Mitte, 15 cm groß; sattes Gold-Apricot mit rosa Akzenten. ***Duft*** Frisch, von mäßiger Intensität. ***Laub*** Dicht; dunkelgrün glänzend. ***Blütezeit*** Den gesamten Sommer und Herbst hindurch.

• HINWEIS Die winterharte Rose ist ziemlich unkompliziert. Ihre formvollendeten, herrlich getönten und angenehm duftenden Blüten wirken in der Vase ganz bezaubernd. Sie sprießen unablässig, wenn man die welken Blumen regelmäßig entfernt. Mit ihrem buschigen, aufrechten Wuchs und dem eleganten Flor eignet sich 'Fulton Mackay' insbesondere für geometrische Beete und Rabatten in einem formalen Rosengarten.

• ABSTAMMUNG 'Silver Jubilee' x 'Jana'.

• ZÜCHTER Cocker, Schottland, 1988.

• WEITERER NAME Cocdana.

☼ ◊ ❄❄❄

HÖHE
75 cm

BREITE
60 cm

Teehybride (großblumig)	

ROSA 'Valencia'

Wuchs Buschig, dicht, ungleichmäßig. ***Blüten*** Gefüllt, kugelig, an kräftigen Stielen, Knospen lang und elegant zugespitzt; sanftes, klares Bernsteingold. ***Duft*** Ausgeprägt lieblich. ***Laub*** Groß, dicht; glänzend mittelgrün. ***Blütezeit*** Sommer bis Herbst.

• HINWEIS Gut für Vase, Beete und Rabatten; verträgt leichten Schatten. Möglichst jeweils nach dem Verblühen eines Flors welke Blumen entfernen.
• ABSTAMMUNG Unbekannt.
• ZÜCHTER Kordes, Deutschland, 1989.
• WEITERER NAME Koreklia.

HÖHE
90 cm
und mehr

BREITE
60 cm

Teehybride (großblumig)	

ROSA 'Vidal Sassoon'

Wuchs Buschig, aufrecht, ungleichmäßig. ***Blüten*** Gefüllt, kugelig, bis 10 cm groß, geöffnet eher flach; zartes Ledergelb mit einem Hauch Lavendel. ***Duft*** Mäßig lieblich. ***Laub*** Üppig, leicht glänzend; mittelgrün. ***Blütezeit*** Sommer bis Herbst.

• HINWEIS Ungewöhnliche Farbe. Exquisit zum Vasenschnitt, schön auf Rabatten.
• ABSTAMMUNG 'Harmonie' x 'Big Purple'.
• ZÜCHTER McGredy, Neuseeland, 1991.
• WEITERE NAMEN Macjuliat, 'Old Spice', 'Spiced Coffee'.

HÖHE
75 cm

BREITE
60 cm

Teehybride (großblumig)	

ROSA 'Princess Royal'

Wuchs Buschig-aufrecht. ***Blüten*** Gefüllte, lockere Schalen, 11 cm groß, Knospen becherförmig; Gold-Apricot in verschiedenen Schattierungen. ***Duft*** Leicht. ***Laub*** Matt glänzend; von mittlerem Grün. ***Blütezeit*** Von Sommer bis Herbst.

• HINWEIS Eine gute Empfehlung für Beete und Rabatten.
• ABSTAMMUNG 'Tequila Sunrise' x Sämling.
• ZÜCHTER Dickson, Nordirland, 1992.
• WEITERER NAME Dicroyal.

HÖHE
80 cm

BREITE
60 cm

Teehybride (großblumig)	

ROSA 'Gloria Dei'

Wuchs Kräftig, strauchig. ***Blüten*** Gut gefüllt, schlank bis kugelig, 15 cm groß; lichtgelb, zum Rand hin rosa. ***Duft*** Lieblich. ***Laub*** Dicht, groß; sattgrün glänzend. ***Blütezeit*** Sommer bis Herbst.

• HINWEIS Exzellent für Beete, Rabatten und Hekken, Vase und Ausstellungen; schön als Hochstamm.
• ABSTAMMUNG [('George Dickson' x 'Souvenir de Claudius Pernet') x ('Joanna Hill' x 'Charles P. Kilham')] x 'Margaret McGredy'.
• ZÜCHTER Meilland, Frankreich, 1942.
• WEITERE NAMEN 'Mme A. Meilland', 'Peace', 'Gioia'.

HÖHE
1,2 m

BREITE
1 m

Teehybride (großblumig)

ROSA 'Alpine Sunset'

Wuchs Kompakt, aufrecht, stark; reichblühend. ***Blüten*** Gut gefüllt, kugelig, bis 20 cm groß, kurzgestielt; pfirsichrosa, am Ansatz gelb. ***Duft*** Stark und voll. ***Laub*** Groß, matt glänzend; mittelgrün. ***Blütezeit*** Wiederholt von Sommer bis Herbst.

- HINWEIS Für Ausstellungen, Beete und Rabatten. Friert bei hartem Frost und kaltem, trockenem Wind zurück.
- ABSTAMMUNG 'Dr. A. J. Verhage' x 'Grandpa Dickson'.
- ZÜCHTER Cant, England, 1974.

HÖHE 60 cm

BREITE 60 cm

Teehybride (großblumig)

ROSA 'Whisky'

Wuchs Gleichmäßig aufrecht, buschig und stark. ***Blüten*** Gut gefüllt, kugelig, bis 11 cm groß; sanftes Orange-Bernsteingelb. ***Duft*** Kräftig, lieblich-fruchtig. ***Laub*** Dicht; glänzend dunkelgrün mit rötlichem Schimmer. ***Blütezeit*** Sommer bis Herbst.

- HINWEIS Zum Schnitt, für Beet und Rabatte. Mehltaugefährdet; friert in kalten Wintern zurück.
- ABSTAMMUNG Sämling x 'Dr. A. J. Verhage'.
- ZÜCHTER Tantau, Deutschland, 1967.
- WEITERER NAME Whisky Mac.

HÖHE 75 cm

BREITE 60 cm

Teehybride (großblumig)

ROSA 'Indian Summer'

Wuchs Kompakt, buschig, ungleichmäßig. ***Blüten*** Gefüllt, becherförmig bis kugelig, 15 cm groß; cremiges Apricot-Orange. ***Duft*** Lieblich und stark, nach Wicken. ***Laub*** Voll, eher zierlich; dunkelgrün glänzend. ***Blütezeit*** Den ganzen Sommer und Herbst.

- HINWEIS Gut zum Vasenschnitt, für Beete, Rabatten und Pflanzbehälter.
- ABSTAMMUNG Unbekannt.
- ZÜCHTER Pearce, England, 1991.
- WEITERER NAME Peaperfume.

HÖHE 50 cm

BREITE 60 cm

Floribunda-Rose (büschelblütig)

ROSA 'Champagne Cocktail'

Wuchs Aufrecht. ***Blüten*** Gefüllt, schalenförmig, 9 cm groß; stattliche, lockere Büschel in sanftem Gelb mit kräftigen rosa Schattierungen, außen tieferes Rosa. ***Duft*** Lieblich. ***Laub*** Dunkelgrün. ***Blütezeit*** Sommer bis Herbst.

- HINWEIS Für Beet und Rabatte zu empfehlen.
- ABSTAMMUNG 'Old Master' x 'Southampton'.
- ZÜCHTER Horner, England, 1985.
- WEITERER NAME Horflash.

HÖHE 1 m

BREITE 60 cm

Teehybride (großblumig)	

ROSA 'Dawn Chorus'

Wuchs Aufrecht, gleichmäßig. ***Blüten*** Gefüllt, elegant, nur 7–10 cm groß; warmes Orange, außen gelb. ***Duft*** Sehr zart, aber lieblich. ***Laub*** Glänzendes Dunkelgrün mit rötlichem Hauch. ***Blütezeit*** Fortlaufend den ganzen Sommer bis Herbst.

- HINWEIS Ein herrlicher Beet- und Rabattenschmuck. Der gleichmäßig und dicht wachsende Busch ist wohlproportioniert; sein glänzendes, rötlich überzogenes Laub bildet einen wirkungsvollen Hintergrund für die formschönen Blüten, die sich aus gerollten Knospen öffnen. Die vielseitige Rose läßt sich auch schön als Hochstamm oder in Pflanzgefäßen ziehen. Sie ist robust und gut gefeit gegen Krankheiten.
- ABSTAMMUNG 'Wishing' x 'Peer Gynt'.
- ZÜCHTER Dickson, Nordirland, 1993.
- WEITERER NAME Dicquasar.

☼ ◊ ❄❄❄

HÖHE
75 cm

BREITE
60 cm

Teehybride (großblumig)

ROSA 'Just Joey'

🏆

Wuchs Aufrecht, locker verzweigt. ***Blüten*** Gut gefüllt, kugelig, 12 cm groß, mit leicht gefransten Petalen und langen, eleganten Knospen; kupfriges Hellbraun mit gelblichrosa Schattierung. ***Duft*** Lieblich und mäßig aromatisch. ***Laub*** Spärlich, aber attraktiv; ledrig und dunkelgrün. ***Blütezeit*** Von Sommer bis Herbst.

- HINWEIS Mit ihrer ungewöhnlichen Farbe bilden die prachtvollen Blumen einen aparten Vasenschmuck. Auch in Beeten und Rabatten nimmt sich die Sorte sehr ansprechend aus. Sie ist winterhart, ziemlich resistent gegen Krankheiten und einfach zu kultivieren. An einem warmen, sonnigen Standort entwickelt sie extrem große Blüten, die voll entfaltet ein Büschel dunkel goldgelber Staubblätter zeigen.
- ABSTAMMUNG 'Duftwolke' x 'Dr. A. J. Verhage'.
- ZÜCHTER Cant, England, 1973.

☼ ♁ ❄❄❄

HÖHE
75 cm

BREITE
60 cm

Floribunda-Rose (büschelblütig)

ROSA 'Oranges and Lemons'

Wuchs Aufrecht, buschig, ungleichmäßig. ***Blüten*** Gefüllt, kugelig-schalenförmig, 10 cm groß; dicke, schwere Büschel in sattem Goldgelb mit scharlachroten Streifen und Feldern. ***Duft*** Lieblich. ***Laub*** Glänzendes Dunkelgrün, im Austrieb kupfrig. ***Blütezeit*** Sommer bis Herbst.

- HINWEIS Für Beete, Rabatten und flächige Pflanzungen. Bei Regen biegen sich die Stiele.
- ABSTAMMUNG 'New Year' x Sämling.
- ZÜCHTER McGredy, Nordirland, 1993.
- WEITERER NAME Macoranlem.

HÖHE
80 cm

BREITE
60 cm

Floribunda-Rose (büschelblütig)

ROSA 'Sheila's Perfume'

Wuchs Aufrecht, stark. ***Blüten*** Gefüllt, becherförmig, 9 cm groß, einzeln und in Büscheln; gelb mit rötlichen Rändern. ***Duft*** Lieblich. ***Laub*** Glänzend dunkelgrün mit rotem Hauch. ***Blütezeit*** Sommer bis Herbst.

- HINWEIS Gut für Beete, Rabatten und Hecken, in Pflanzgefäßen und zum Schnitt zu verwenden.
- ABSTAMMUNG 'Peer Gynt' x ['Daily Sketch' x ('Paddy McGredy' x 'Primaballerina)].
- ZÜCHTER Sheridan, England, 1985.
- WEITERER NAME Harsherry.

HÖHE
75 cm

BREITE
60 cm

Floribunda-Rose (büschelblütig)

ROSA 'Fragrant Delight'

Wuchs Buschig, ungleichmäßig. ***Blüten*** Gefüllt, becherförmig, 8 cm groß; zahlreich in Büscheln von hellem Lachsorange. ***Duft*** Mäßig stark. ***Laub*** Dicht, glänzend; rot überlaufenes Dunkelgrün. ***Blütezeit*** Sommer bis Herbst.

- HINWEIS Wetterfest; liebt fruchtbaren, zuverlässig feuchtigkeitsspeichernden Boden. Schön für Rabatten und Hecken sowie in großen Gruppen.
- ABSTAMMUNG 'Chanelle' x 'Whisky'.
- ZÜCHTER Wisbech Plant Co., England, 1978.

HÖHE
1 m

BREITE
75 cm

Teehybride (großblumig)

ROSA 'Rosemary Harkness'

Wuchs Kräftig, buschig. ***Blüten*** Gefüllt, schalenförmig, 10 cm groß; orangegelb mit lachsrosa Schimmer. ***Duft*** Lieblich, nach Passionsfrucht. ***Laub*** Voll; dunkel; glänzend. ***Blütezeit*** Sommer bis Herbst.

- HINWEIS Wetterbeständig; bevorzugt fruchtbaren Boden und Sonne. Für Rabatten und Hecken, zum Schnitt und als Hochstamm.
- ABSTAMMUNG 'Compassion' x ('Basildon Bond' x 'Grandpa Dickson').
- ZÜCHTER Harkness, England, 1985.
- WEITERER NAME Harrowbond.

HÖHE
80 cm

BREITE
75 cm

Floribunda-Rose (büschelblütig)

ROSA 'Fellowship'

Wuchs Buschig, dicht, aufrecht. ***Blüten*** Gefüllt, schalenförmig, mittlere Petalen nach innen gebogen, 7–10 cm groß; einzeln und in losen Büscheln in Tieforange. ***Duft*** Lieblich. ***Laub*** Dicht; tiefgrün glänzend. ***Blütezeit*** Den ganzen Sommer bis zum Herbst.

- HINWEIS Bestens für Beete und flächige Pflanzung.
- ABSTAMMUNG 'Southampton' x 'Remember Me'.
- ZÜCHTER Harkness, England, 1992.
- WEITERE NAMEN Harwelcome, 'Livin' Easy'.

HÖHE 75 cm

BREITE 60 cm

Floribunda-Rose (büschelblütig)

ROSA 'Masquerade'

Wuchs Stark, buschig, reichblühend. ***Blüten*** Halbgefüllt, 6 cm groß, in stattlichen Büscheln; anfangs gelb, dann über Lachsrosa zu Rot übergehend, wobei alle Farben gleichzeitig vorkommen können. ***Duft*** Schwach. ***Laub*** Klein; dunkelgrün. ***Blütezeit*** Sommer bis Herbst.

- HINWEIS In der Regel gesund. Für eine kontinuierliche Blüte regelmäßig welke Blumen entfernen.
- ABSTAMMUNG 'Goldilocks' x 'Holiday'.
- ZÜCHTER Boerner, USA, 1949.

HÖHE 90 cm

BREITE 75 cm

Teehybride (großblumig)

ROSA 'Lovers' Meeting'

Wuchs Kräftig, locker, überhängend. ***Blüten*** Gefüllt, elegant, 10 cm groß, mit großen Petalen, die zu einer Spitze zurückgebogen sind; häufig in üppigen, schweren Büscheln; warmes Rotorange mit bräunlichem Hauch. ***Duft*** Leicht, lieblich. ***Laub*** Dicht; bronzegrün glänzend. ***Blütezeit*** Sommer bis Herbst.

- HINWEIS Sehr schöne Schnittrose, gut für Beete und Rabatten; auch als Hochstamm zu ziehen.
- ABSTAMMUNG Sämling x 'Egyptian Treasure'.
- ZÜCHTER Gandy, England, 1980.

HÖHE 75 cm

BREITE 75 cm

Teehybride (großblumig)

ROSA 'Piccadilly'

Wuchs Kräftig, buschig-aufrecht und schön verzweigt. ***Blüten*** Gefüllt, elegant, 12 cm groß; leuchtend scharlachrot, außen gelb, im Verblühen orange überhaucht; einzeln und in Büscheln in großer Zahl. ***Duft*** Leicht. ***Laub*** Voll, glänzend; bronzen schimmerndes Dunkelgrün. ***Blütezeit*** Sommer bis Herbst.

- HINWEIS Zu empfehlen für Beete, Rabatten, Hecken und Ausstellungen. Äußerst wetterfest.
- ABSTAMMUNG 'McGredy's Yellow' x 'Karl Herbst'.
- ZÜCHTER McGredy, Nordirland, 1960.

HÖHE 1 m

BREITE 60 cm

Floribunda-Rose (büschelblütig)	

Rosa 'Flair'

Wuchs Kompakt, buschig. ***Blüten*** Halbgefüllt, schalenförmig bis flach, 5–8 cm groß; zahlreich in gut gefüllten Büscheln von strahlendem Kanariengelb mit Rot. ***Duft*** Schwach. ***Laub*** Mittelgrün und glänzend. ***Blütezeit*** Den ganzen Sommer hindurch bis zum Herbst.

• HINWEIS Mit ihrem ebenmäßigen und buschigen Wuchs macht sich 'Flair' im vorderen Bereich eines Rosenbeetes ausnehmend hübsch und ist vor allem für kleinere Gärten zu empfehlen, wo Platz kostbar ist. Sie entwickelt sich auch schön in Pflanzgefäßen, zum Beispiel auf der Terrasse. Über einen langen Zeitraum bildet sie mit ihren auffällig gefärbten Blüten und dem kompakten Erscheinungsbild einen attraktiven Gartenschmuck.

• ABSTAMMUNG 'Sweet Magic' x 'Little Artist'.

• ZÜCHTER Dickson, Nordirland, 1993.

• WEITERER NAME Dicrelax.

HÖHE
45 cm

BREITE
45 cm

Teehybride (großblumig)	

ROSA 'Troika'

Wuchs Kräftig, buschig und dicht. ***Blüten*** Gefüllt, elegant, 15 cm groß, in rosa überhauchtem Orangegelb. ***Duft*** Lieblich. ***Laub*** Üppig; glänzend dunkelgrün. ***Blütezeit*** Sommer bis Herbst.

- HINWEIS Ausgezeichnete Schnitt- und Ausstellungsrose, gut für flächige Pflanzungen.
- ABSTAMMUNG ['Super Star' x ('Baccara' x 'Princesse Astrid')] x 'Hanne'.
- ZÜCHTER Poulsen, Dänemark, 1971.
- WEITERER NAME 'Royal Dane'.

HÖHE
1 m

BREITE
75 cm

Teehybride (großblumig)	

ROSA 'Remember Me'

Wuchs Dicht, aufrecht, kräftig. ***Blüten*** Gut gefüllt, elegant, 9 cm groß, an steifen Stielen in tiefem Kupferorange. ***Duft*** Leicht. ***Laub*** Reichlich, klein; dunkelgrün glänzend. ***Blütezeit*** Den ganzen Sommer und Herbst.

- HINWEIS Pflegeleicht, liebt aber einen sonnigen, windgeschützten Standort. Schön in der Vase, für Beete und Hecken; auch als Hochstamm zu ziehen.
- ABSTAMMUNG 'Alexander' x 'Silver Jubilee'.
- ZÜCHTER Cocker, Schottland, 1984.
- WEITERER NAME Cocdestin.

HÖHE
1 m

BREITE
75 cm

Teehybride (großblumig)	

ROSA 'Doris Tysterman'

Wuchs Kräftig, aufrecht. ***Blüten*** Gut gefüllt, elegant, 10 cm groß; sehr zahlreich in warmem Kupferorange. ***Duft*** Schwach, aber lieblich. ***Laub*** Groß, glänzend; dunkelgrün. ***Blütezeit*** Sommer bis Herbst.

- HINWEIS Attraktive Beetrose, jedoch ziemlich anfällig für Mehltau.
- ABSTAMMUNG 'Peer Gynt' x Sämling.
- ZÜCHTER Wisbech Plant Co., England, 1975.

HÖHE
1,2 m

BREITE
75 cm

Teehybride (großblumig)	

ROSA 'Tequila Sunrise'

Wuchs Buschig, ungleichmäßig, robust. ***Blüten*** Gefüllt, kugelig, bis 10 cm groß; goldgelb, scharlachrot gerandet. ***Duft*** Leicht. ***Laub*** Mittelgrün glänzend. ***Blütezeit*** Sommer bis Herbst.

- HINWEIS Als Schnittrose, für Beete, Hecken und Gruppenpflanzungen zu verwenden, auch als Hochstamm schön. Zur Verlängerung der Blüte unbedingt welke Blumen entfernen.
- ABSTAMMUNG 'Bonfire Night' x 'Freedom'.
- ZÜCHTER Dickson, Nordirland, 1989.
- WEITERE NAMEN 'Beaulieu', Dicobey.

HÖHE
75 cm

BREITE
60 cm

Floribunda-Rose (büschelblütig)	

ROSA 'Southampton'

Wuchs Aufrecht. ***Blüten*** Gefüllt, elegant, 10 cm groß, in Büscheln; orange und blaß scharlachrot schattiertes Apricot. ***Duft*** Leicht, lieblich. ***Laub*** Dunkelgrün glänzend. ***Blütezeit*** Sommer bis Herbst.

• HINWEIS Robust, gedeiht jedoch am besten in warmer, sonniger Lage. Ideal für Beete, Hecken und Pflanzgefäße sowie für Ausstellungen.

• ABSTAMMUNG ('Ann Elizabeth' x 'Allgold') x 'Yellow Cushion'.

• ZÜCHTER Harkness, England, 1972.

• WEITERER NAME 'Susan Ann'.

HÖHE 1 m

BREITE 60 cm

Floribunda-Rose (büschelblütig)	

ROSA 'Anne Harkness'

Wuchs Kräftig, aufrecht. ***Blüten*** Gefüllt, becherförmig, 8 cm groß; lockere, vielblumige Büschel in warmem Apricotgelb. ***Duft*** Leicht, lieblich und frisch. ***Laub*** Üppig; mittelgrün. ***Blütezeit*** Spätsommer bis Herbst.

• HINWEIS Gute Ausstellungs-, Schnitt- und Rabattenrose; dankt einen kräftigen Schnitt.

• ABSTAMMUNG 'Bobby Dazzler' x [('Isle of Man' x 'Primaballerina') x ('Chanelle' x 'Piccadilly')].

• ZÜCHTER Harkness, England, 1980.

• WEITERER NAME Harkaramel.

HÖHE 1,2 m

BREITE 60 cm

Floribunda-Rose (büschelblütig)	

ROSA 'Amber Queen'

Wuchs Ausbreitend. ***Blüten*** Gut gefüllt, kugelig, 8–10 cm groß; imposante Büschel in Bernsteingelb. ***Duft*** Voll, kräftig und schwer. ***Laub*** Glänzend; rot getöntes Dunkelgrün. ***Blütezeit*** Den ganzen Sommer und Herbst.

• HINWEIS Für Beete, Rabatten, niedrige Hecken und Pflanzschalen, ebenso für Ausstellungen geeignet.

• ABSTAMMUNG 'Southampton' x 'Taifun'.

• ZÜCHTER Harkness, England, 1984.

• WEITERE NAMEN Harroony, 'Prinz Eugen van Savoyen'.

HÖHE 50 cm

BREITE 50 cm

Rugosa-Strauchrose

ROSA 'Blanc Double de Coubert'

Wuchs Dicht, buschig. ***Blüten*** Halbgefüllt, geöffnet flach, 9 cm groß; reinweiß mit goldgelben Staubgefäßen, Knospen manchmal rosig überhaucht. ***Duft*** Betörend lieblich und stark. ***Früchte*** Groß, kugelig, rot; nicht sehr zahlreich. ***Laub*** Geadert, runzelig; dunkelgrün. ***Blütezeit*** Wiederholt von Sommer bis Herbst.

- HINWEIS Für Hecken und Rabatten geeignet. Toleriert leichten Schatten, Luft- und Bodenfeuchtigkeit.
- ABSTAMMUNG Evtl. *R. rugosa* x 'Sombreuil'.
- ZÜCHTER Cochet-Cochet, Frankreich, 1892.

HÖHE 1,5 m

BREITE 1,2 m

Büschelblütige Strauchrose

ROSA 'Penelope'

Wuchs Buschig dicht, reichblühend. ***Blüten*** Halbgefüllt, schalenförmig, 8 cm groß, in üppigen Büscheln; cremefarben bis zartrosa, weiß abblühend. ***Duft*** Lieblich, moschusartig. ***Früchte*** Klein; korallenrosa. ***Laub*** Dicht, groß; matt glänzendes Dunkelgrün. ***Blütezeit*** Sommer bis Herbst.

- HINWEIS Eine gute Empfehlung für Hecken und Mischrabatten. Für eine fortlaufende Blüte den ersten Flor nach dem Verwelken entfernen.
- ABSTAMMUNG 'Ophelia' x ein unbenannter Sämling.
- ZÜCHTER Pemberton, England, 1924.

HÖHE 1 m und mehr

BREITE 1 m

Büschelblütige Strauchrose

ROSA 'Francine Austin'

Wuchs Überhängend, locker, reichblühend. ***Blüten*** Gefüllt, pomponförmig, 2,5–5 cm groß, reinweiß; auffällige, grazile, vielblumige Büschel an drahtigen Stengeln. ***Duft*** Lieblich und zart. ***Laub*** Blaßgrün mit langen, eilanzettlichen Blättchen. ***Blütezeit*** Sommer bis Herbst.

- HINWEIS Schön für naturnahe Gruppenpflanzungen und Rabatten.
- ABSTAMMUNG 'Alister Stella Grey' x 'Ballerina'.
- ZÜCHTER Austin, England, 1988.
- WEITERER NAME Ausram.

HÖHE 90 cm

BREITE 1,2 m

Büschelblütige Strauchrose

ROSA 'Tall Story'

Wuchs Bogig, ausladend. ***Blüten*** Halbgefüllt, 5–6 cm groß, Knospen sauber gerollt; anmutige Büschel in hauchzartem Primelgelb. ***Duft*** Lieblich. ***Laub*** Reichlich; glänzend grün. ***Blütezeit*** Sommer bis Herbst.

- HINWEIS Bewährt für Ausstellungen, als Bodendecker und für Rabatten; auch für Kübelkultur geeignet.
- ABSTAMMUNG 'Friesia' x 'Yesterday'.
- ZÜCHTER Dickson, Nordirland, 1984.
- WEITERER NAME Dickooky.

HÖHE 75 cm

BREITE 1,2 m

Büschelblütige Strauchrose	

ROSA 'Many Happy Returns'

Wuchs Ebenmäßig, ausladend. ***Blüten*** Halbgefüllt, leicht schalenförmig, 10–13 cm groß, Knospen schlank und spitz; dekorative Büschel in Porzellanrosa.
Duft Leicht lieblich. ***Laub*** Glänzend dunkelgrün.
Blütezeit Den ganzen Sommer und Herbst hindurch.
• HINWEIS Verwendung für Mischrabatten, Beete, Gruppenpflanzungen oder auch Hecken. Die Sorte braucht einen mäßigen Schnitt. Dabei sollten gelegentlich überalterte Blütenzweige entfernt werden, um den Neuaustrieb aus der Basis anzuregen. Neben ihrer Robustheit und Frosthärte schätzt man insbesondere auch die lange Blütezeit dieser Rose. Ihre dunklen, glänzenden und hübschen Blätter bilden den perfekten Hintergrund für die formvollendeten Blüten, die in der Regel in großer Zahl sprießen.
• ABSTAMMUNG 'Herbstfeuer' x 'Pearl Drift'.
• ZÜCHTER Harkness, England, 1991.
• WEITERE NAMEN Harwanted, 'Prima'.

HÖHE
75 cm

BREITE
75 cm

Pimpinellifolia-Hybride

ROSA 'Frühlingsmorgen'

Wuchs Offen, schön verzweigt. ***Blüten*** Einfach, schalenförmig, 12 cm groß; elfenbeinfarben, zum Rand hin rosa, mit goldbraunen Staubgefäßen. ***Duft*** Heuähnlich. ***Laub*** Dunkles Gräulichgrün. ***Blütezeit*** Spätes Frühjahr.

- HINWEIS Für Rabatten und Hecken; verträgt auch ärmere Böden und leichten Schatten.
- ABSTAMMUNG ('E. G. Hill' x 'Cathrine Kordes') x *R. pimpinellifolia* 'Altaica'.
- ZÜCHTER Kordes, Deutschland, 1941.
- WEITERER NAME 'Spring Morning'.

HÖHE
Bis 2 m

BREITE
1,5 m

Großblumige Strauchrose

ROSA 'Heritage'

Wuchs Buschig-aufrecht, bis zur völligen Eingewöhnung eher weich. ***Blüten*** Gut gefüllt, schalenförmig, 10 cm groß; kleine Rispen in sanftem Apricotrosa. ***Duft*** Stark, nach Zitrone. ***Laub*** Leicht glänzend; dunkelgrün. ***Blütezeit*** Öfters von Sommer bis Herbst.

- HINWEIS Gedeiht am besten in fruchtbarem, gut gemulchtem Boden; für Rabatten zu empfehlen.
- ABSTAMMUNG Sämling x ('Wife of Bath' x 'Schneewittchen').
- ZÜCHTER Austin, England, 1984.
- WEITERER NAME Ausblush.

HÖHE
1,2 m

BREITE
1,2 m

Großblumige Strauchrose

ROSA 'Sweet Juliet'

Wuchs Kräftig, buschig. ***Blüten*** Gefüllt, flach schalenförmig, 10 cm groß, zartes Apricotgelb. ***Duft*** Lieblich, nach Tee. ***Laub*** Üppig; glänzendes Mittelgrün. ***Blütezeit*** Sommer bis Herbst.

- HINWEIS Attraktiv in Mischrabatten, auch für die Vase; bevorzugt fruchtbaren, gut gemulchten Boden.
- ABSTAMMUNG 'Graham Thomas' x 'Admired Miranda'.
- ZÜCHTER Austin, England, 1989.
- WEITERER NAME Ausleap.

HÖHE
1,2 m

BREITE
90 cm

Wildrosen-Hybride

ROSA 'Nevada'

Wuchs Dicht und überhängend, gesund. ***Blüten*** Halbgefüllt, flach, 10 cm groß; rahmweiß, bei warmem Wetter rosa überhaucht, mit goldgelben Staubgefäßen. ***Duft*** Leicht und fein. ***Laub*** Matt glänzend; hellgrün mit rötlichen Stielen. ***Blütezeit*** Frühsommer, schwächer bis zum Herbst.

- HINWEIS Verträgt leichten Schatten und ärmeren Boden. Nur überalterte Zweige herausschneiden.
- ABSTAMMUNG Möglicherweise 'La Giralda' x *R. moyesii* oder *R. pimpinellifolia.*
- ZÜCHTER Dot, Spanien, 1927.

HÖHE
2–3 m

BREITE
2–3 m

Büschelblütige Strauchrose	

ROSA 'Pearl Drift'

Wuchs Buschig, ausladend. ***Blüten*** Gefüllt, schalenförmig, 10 cm oder mehr; in großen, perlrosa Büscheln. ***Duft*** Lieblich, mäßig stark. ***Laub*** Dicht; glänzendes Dunkelgrün. ***Blütezeit*** Sommer bis Herbst.

- HINWEIS Für Mischrabatten, Beete und Hecken gleichermaßen eine gute Wahl.
- ABSTAMMUNG 'Mermaid' x 'New Dawn'.
- ZÜCHTER LeGrice, England, 1980.
- WEITERER NAME Leggab.

HÖHE
1 m

BREITE
1,2 m

Büschelblütige Strauchrose	

ROSA 'Cornelia'

Wuchs Kräftig, buschig, ausladend. ***Blüten*** Gefüllte Rosetten, bis 5 cm groß, in vielblumigen Büscheln; apricotrosa, cremig verblassend und im Herbst etwas dunkler. ***Duft*** Lieblich und moschusartig. ***Laub*** Dicht, klein; dunkelgrün. ***Blütezeit*** Sommer bis Herbst.

- HINWEIS Hübsch als Schnittrose, an Wänden, Zäunen und in großen Rabatten. Wetterfest und gesund, auch in leichtem Schatten und weniger fruchtbarem Boden.
- ABSTAMMUNG Unbekannt.
- ZÜCHTER Pemberton, England, 1925.

HÖHE
1,5 m

BREITE
1,5 m

Polyantha-Beet/ Strauchrose	

ROSA 'The Fairy'

Wuchs Dicht, kuppelförmig. ***Blüten*** Gefüllte Rosetten, 2,5 cm groß, in anmutigen, hellrosa Dolden. ***Duft*** Sehr schwach. ***Laub*** Reich, klein und glänzend; mittelgrün. ***Blütezeit*** Fortgeschrittener Sommer bis Spätherbst.

- HINWEIS Schön in Beeten, als Gruppe, im vorderen Bereich einer Mischrabatte oder im Topf; auch als Bodendecker zu ziehen und hübsch für die Vase. Wird ohne Schnitt größer.
- ABSTAMMUNG 'Paul Crampel' x 'Lady Gay'.
- ZÜCHTER Bentall, England, 1932.

HÖHE
60 cm
und mehr

BREITE
60 cm

Großblumige Strauchrose	

ROSA 'Evelyn'

Wuchs Buschig, ziemlich steif. ***Blüten*** Gut gefüllte, schalenförmige Rosetten, 10 cm groß, mit seidigen Petalen in Apricot und Gelb. ***Duft*** Fruchtig und lieblich. ***Laub*** Matt glänzend; dunkelgrün. ***Blütezeit*** Sommer bis Herbst.

- HINWEIS Gesund und krankheitsresistent. Eignung für Beete und Mischrabatten; möglichst nur leicht schneiden.
- ABSTAMMUNG 'Graham Thomas' x 'Tamora'.
- ZÜCHTER Austin, England, 1991.
- WEITERER NAME Aussaucer.

HÖHE
1,1 m

BREITE
90 cm

Büschelblütige Strauchrose

ROSA 'Westerland' 🏆

Wuchs Kräftig, aufrecht. ***Blüten*** Gefüllt, schalenförmig, 9 cm groß, mit bogig gerandeten Petalen; große Büschel in sattem Apricot, an den Außenseiten gelb. ***Duft*** Lieblich, fruchtig-frisch. ***Laub*** Üppig; mittelgrün glänzend. ***Blütezeit*** Sommer bis Herbst.

- HINWEIS Schön als Hintergrund einer Mischrabatte, auch an Säulen zu ziehen.
- ABSTAMMUNG 'Friedrich Wörlein' x 'Circus'.
- ZÜCHTER Kordes, Deutschland, 1969.
- WEITERER NAME Korlawe.

☼ ◊ ❄❄❄

HÖHE 1,8 m

BREITE 1,2 m

Büschelblütige Strauchrose

ROSA 'Felicia' 🏆

Wuchs Stark, buschig ausladend. ***Blüten*** Gut gefüllt, schalenförmig, 8 cm groß, in schweren Büscheln; hellrosa, an der Basis primelgelb, mit goldgelben Staubgefäßen. ***Duft*** Lieblich und ziemlich kräftig. ***Laub*** Glänzend, mittelgrün. ***Blütezeit*** Den ganzen Sommer bis in den Herbst.

- HINWEIS Ausgezeichnet zum Schnitt sowie für Beete, Hecken und Kübelkultur geeignet; gedeiht auch im Halbschatten.
- ABSTAMMUNG 'Trier' x 'Ophelia'.
- ZÜCHTER Pemberton, England, 1928.

☼ ◊ ❄❄❄

HÖHE 1,5 m

BREITE 2,2 m

Polyantha-Strauchrose

ROSA 'Ballerina' 🏆

Wuchs Dicht und kompakt, gleichmäßig. ***Blüten*** Einfach, schalenförmig, 2,5–5 cm groß, in dichten, vielblumigen Büscheln; weiches Rosa mit weißer Mitte, Petalen außen heller. ***Duft*** Leicht. ***Früchte*** Klein, orange. ***Laub*** Voll, zierlich; mittelgrün. ***Blütezeit*** Den ganzen Sommer mit reichem Flor.

- HINWEIS Gut für Hecken, Mischrabatten, Gruppenpflanzungen und Kübel, Vase und Ausstellungen. Verträgt leichten Schatten und ärmere Böden.
- ABSTAMMUNG Unbekannt.
- ZÜCHTER Bentall, England, 1937.

☼ ◊ ❄❄❄

HÖHE 1–1,2 m

BREITE 1,2 m

Büschelblütige Strauchrose

ROSA 'Octavia Hill'

Wuchs Kräftig, reichblühend. ***Blüten*** Gefüllt, geviertelt, 8 cm groß; in großen, hübsch angeordneten, hellrosa Rispen. ***Duft*** Lieblich und frisch. ***Laub*** Dicht; glänzend dunkelgrün. ***Blütezeit*** Sommer bis Herbst.
- HINWEIS Vorzüglich auf Mischrabatten, vor allem zwischen Alten Rosen, sowie für Beete, Hecken und zum Vasenschnitt; auch als Stammrose hübsch. Mäßig schneiden; Entfernen überalterter Blütenzweige fördert den Neuaustrieb.
- ABSTAMMUNG 'Armada' x 'Cornelia'.
- ZÜCHTER Harkness, England, 1995.

HÖHE
1–1,2 m

BREITE
1–1,2 m

Büschelblütige Strauchrose

ROSA 'Rosy Cushion'

Wuchs Dicht, ausladend. ***Blüten*** Halbgefüllt, schalenförmig, 6 cm groß; üppige Dolden in Hellrosa, zur Mitte hin hellelfenbein; goldgelbe Staubblätter. ***Duft*** Lieblich. ***Laub*** Reich; glänzend dunkelgrün. ***Blütezeit*** Sommer bis Herbst.
- HINWEIS Gut für Rabatten und Hecken. Welke Blumen entfernen und mäßig schneiden; altes Holz an der Basis kappen, um den Neuaustrieb zu fördern.
- ABSTAMMUNG 'Yesterday' x Sämling.
- ZÜCHTER Ilsink, Niederlande, 1979.
- WEITERER NAME Interall.

HÖHE
1 m

BREITE
1,2 m

Rugosa-Strauchrose

ROSA 'Pink Grootendorst'

Wuchs Buschig-aufrecht, reichblühend. ***Blüten*** Gefüllte Rosetten, 5 cm groß; in Büscheln von klarem Rosa, Petalenränder gefranst. ***Duft*** Nicht vorhanden. ***Laub*** Klein, reichlich, ledrig; dunkelgrün. ***Blütezeit*** Fortlaufend von Sommer bis Herbst.
- HINWEIS Für Hecken, Mischrabatten und als Vasenschmuck zu empfehlen. Die Sorte verträgt leichten Schatten und einen kräftigen Schnitt.
- ABSTAMMUNG Sport von 'F. J. Grootendorst'.
- ZÜCHTER Grootendorst, Niederlande, 1923.

HÖHE
2 m

BREITE
1,5 m

Büschelblütige Strauchrose

ROSA 'Bonica 82'

Wuchs Buschig ausladend, robust. ***Blüten*** Gut gefüllt, schalenförmig, 8 cm groß; stattliche Büschel in sanftem Rosarot. ***Duft*** Lieblich, leicht und zart. ***Laub*** Voll, klein; tiefgrün glänzend. ***Blütezeit*** Den ganzen Sommer und Herbst.
- HINWEIS Vorzüglich zum Schnitt, für Beete, als Bodendecker, für Kübel wie auch als Hochstamm.
- ABSTAMMUNG Vermutlich (*R. sempervirens* x 'Mlle Marthe Carron') x 'Picasso'.
- ZÜCHTER Meilland, Frankreich, 1981.
- WEITERER NAME Meidomonac.

HÖHE
90–120 cm

BREITE
1,1–1,2 m

Rugosa-Strauchrose

ROSA 'Pink Robusta'

Wuchs Aufrecht, dicht. ***Blüten*** Halbgefüllt, flach schalenförmig, 10 cm groß; leuchtend reinrosa mit hellerer Mitte, blaßrosa abblühend, Staubgefäße goldgelb. ***Duft*** Lieblich und angenehm. ***Laub*** Reichlich, geadert und runzelig; dunkelgrün. ***Blütezeit*** Hauptsächlich im Sommer, jedoch nachblühend bis zum Herbst.

• HINWEIS Die winterharte und robuste Sorte ist, wie viele andere Rugosa-Rosen, ausgesprochen unkompliziert. Mit ihrem straff-aufrechten Wuchs und der dichten Belaubung an dicken, bestachelten Zweigen ist sie die optimale Wahl für eine undurchdringliche Hecke. Vor den dunklen Blättern kommen die schön getönten, duftenden Blüten herrlich zur Geltung.

• ABSTAMMUNG ('Zitronenfalter' x 'Cläre Grammerstorf') x 'Robusta'.

• ZÜCHTER Kordes, Deutschland, 1986.

• WEITERE NAMEN Korpinrob, 'The Seckford Rose'.

HÖHE
1,8 m

BREITE
1 m

Großblumige Strauch/ Kletterrose

ROSA 'Constance Spry' 🏆

Wuchs Sehr kräftig, wuchernd. ***Blüten*** Gut gefüllt, schalenförmig, 12 cm groß; klares Rosa. ***Duft*** Würzig, nach Myrrhe. ***Laub*** Dicht, recht derb; gräulichgrün. ***Blütezeit*** Einmal im Hochsommer.

• HINWEIS Klettert über 4 m hoch; Eignung für Säulen. Als Strauch stützen und kräftig zurückschneiden. Toleriert leichten Schatten, verlangt aber einigermaßen fruchtbaren Boden.

• ABSTAMMUNG 'Belle Isis' x 'Dainty Maid'.

• ZÜCHTER Austin, England, 1961.

HÖHE
2 m

BREITE
1,5 m

Polyantha-Strauchrose

ROSA 'Yesterday' 🏆

Wuchs Buschig, überhängend. ***Blüten*** Halbgefüllt, schalenförmig, 2,5–5 cm groß; üppige Büschel in Fliederrosa bis Rosaviolett, goldgelbe Staubblätter. ***Duft*** Lieblich und nachhaltig. ***Laub*** Zierlich, glänzend; dunkelgrün. ***Blütezeit*** Sommer bis Herbst.

• HINWEIS Für Hecken, Beete, Mischrabatten und Pflanzgefäße.

• ABSTAMMUNG ('Phyllis Bide' x 'Shepherd's Delight') x 'Ballerina'.

• ZÜCHTER Harkness, England, 1974.

• WEITERER NAME 'Tapis d'Orient'.

HÖHE
1 m
und mehr

BREITE
1 m

Rugosa-Strauchrose

ROSA 'Frau Dagmar Hastrup'

Wuchs Strauchig, kompakt. ***Blüten*** Einfach, leicht schalenförmig, 10 cm groß; silberrosa mit rahmgelben Staubblättern. ***Duft*** Stark, nach Gewürznelken. ***Früchte*** Groß, rund; tomatenrot. ***Laub*** Glänzend, geadert und runzelig; hellgrün, rote Herbstfärbung. ***Blütezeit*** Hochsommer, schwächer im Herbst.

• HINWEIS Als Bodendecker oder niedrige Hecke gut; toleriert leichten Schatten und exponierte Lagen.

• ABSTAMMUNG Unbekannt.

• ZÜCHTER Hastrup, Dänemark, 1914.

• WEITERER NAME 'Fru Dagmar Hastrup'.

HÖHE
90 cm

BREITE
1,2 m

Großblumige Strauchrose

ROSA 'Mary Rose'

Wuchs Kräftig, buschig, ausladend. ***Blüten*** Gut gefüllt, schalenförmig, 10–13 cm groß; frisches Rosarot, allmählich nachdunkelnd, Herbstblüten mitunter heller. ***Duft*** Lieblich-aromatisch. ***Laub*** Matt glänzend; mittelgrün. ***Blütezeit*** Frühsommer bis Herbst.

• HINWEIS Ideal für Gruppenpflanzungen und Mischrabatten. Behauptet sich unter verschiedensten Standortbedingungen; krankheitsresistent.

• ABSTAMMUNG 'Wife of Bath' x 'The Miller'.

• ZÜCHTER Austin, England, 1983.

• WEITERER NAME Ausmary.

HÖHE
1,2 m

BREITE
1,2 m

Großblumige Strauchrose

ROSA 'Gertrude Jekyll'

Wuchs Locker, etwas staksig. ***Blüten*** Gut gefüllte, schalenförmige Rosetten, 11 cm groß; gefaltete, spiralig angeordnete Petalen in klarem Tiefrosa. ***Duft*** Äußerst kräftig und lieblich. ***Laub*** Dick; mittelgrün. ***Blütezeit*** Den ganzen Sommer und Herbst.

- HINWEIS Schöner Schmuck für Mischrabatten und Vasen; liebt fruchtbaren, gut gemulchten Boden.
- ABSTAMMUNG 'Wife of Bath' x 'Comte de Chambord'.
- ZÜCHTER Austin, England, 1986.
- WEITERER NAME Ausbord.

HÖHE
1,5 m

BREITE
90 cm

Büschelblütige Strauchrose

ROSA 'La Sevillana'

Wuchs Dicht, buschig, bis zur Basis gut belaubt. ***Blüten*** Gefüllt, schalenförmig, 8 cm groß; leuchtendrote, große Dolden. ***Duft*** Leicht. ***Laub*** Reichlich, glänzend; bronzen überhauchtes Dunkelgrün. ***Blütezeit*** Den ganzen Sommer hindurch.

- HINWEIS Vorzüglich für Hecken und Beete.
- ABSTAMMUNG [(Meibrim x 'Jolie Madame') x ('Zambra' x 'Zambra')] x [('Super Star' x 'Super Star') x ('Rusticana' x 'Rusticana')].
- ZÜCHTER Meilland, Frankreich, 1978.
- WEITERER NAME Meigekanu.

HÖHE
1,2 m

BREITE
1 m

Polyantha-Strauchrose

ROSA 'Red Yesterday'

Wuchs Dicht, strauchig. ***Blüten*** Einfach, leicht schalenförmig, 5 cm groß, in vielblumigen Büscheln; tiefkarminrot mit weißer Mitte. ***Duft*** Nicht vorhanden. ***Laub*** Klein, glänzend; dunkelgrün. ***Blütezeit*** Den ganzen Sommer und Herbst hindurch.

- HINWEIS Gut für Rabatten und Hecken, als Gruppe wie als Solitär. Mäßig schneiden; altes Holz entfernen, um den Neuaustrieb an der Basis anzuregen.
- ABSTAMMUNG 'Ballerina' x 'Baby Faurax'.
- ZÜCHTER Harkness, England, 1978.
- WEITERE NAMEN 'Marjorie Fair', 'Red Ballerina'.

HÖHE
1,2 m

BREITE
1,2 m

Büschelblütige Strauchrose	

ROSA 'Cerise Bouquet'

Wuchs Sehr kräftig und überhängend; stattlich. *Blüten* Halbgefüllt, geöffnet flach, 5–8 cm groß, Knospen gerollt; an langen Stielen in lockeren Büscheln; kirschrot mit goldgelben Staubblättern. *Duft* Fruchtig. *Laub* Klein, aber dicht; graugrün. *Blütezeit* Einmal im Hochsommer.

- HINWEIS Schön als Strauch und in Mischrabatten; klettert mit Unterstützung 5 m hoch. Die Eingewöhnung kann etwas dauern.
- ABSTAMMUNG *R. multibracteata x* 'Crimson Glory'.
- ZÜCHTER Kordes, Deutschland, 1958.

HÖHE 3,5 m

BREITE 3,5 m

Büschelblütige Strauchrose	

ROSA 'Cardinal Hume'

Wuchs Dicht, ausladend. *Blüten* Gefüllt, schalenförmig, 7,5 cm groß; dichte Büschel von sattem Blut- bis Purpurrot, später nachdunkelnd. *Duft* Leicht, fruchtig, etwas moschusartig. *Laub* Matt dunkelgrün. *Blütezeit* Sommer bis Herbst.

- HINWEIS Eine Zierde für Beet und Rabatte. Mäßig schneiden; zur Förderung des Neuaustriebs an der Basis gelegentlich überalterte Blütenzweige entfernen.
- ABSTAMMUNG Sämling x 'Frank Naylor'.
- ZÜCHTER Harkness, England, 1984.
- WEITERER NAME Harregale.

HÖHE 1 m

BREITE 1,1 m

Büschelblütige Strauch/ Floribunda-Rose	

ROSA 'Eyepaint'

Wuchs Kräftig, strauchig, dicht. *Blüten* Einfach, flach, 5 cm groß, in dicken, vollen Büscheln; leuchtend scharlachrot mit weißem Auge und goldgelben Staubgefäßen. *Duft* Leicht, zart. *Laub* Üppig; dunkelgrün. *Blütezeit* Sommer bis Herbst.

- HINWEIS Winterhart und wetterfest. Schön als Hecke und in Rabatten. Entfernen welker Blüten fördert die Neubildung.
- ABSTAMMUNG Sämling x 'Picasso'.
- ZÜCHTER McGredy, Neuseeland, 1976.
- WEITERE NAMEN 'Eye Paint', 'Tapis Persan', Maceye.

HÖHE 1 m

BREITE 75 cm

Großblumige Strauchrose

ROSA 'L. D. Braithwaite'

Wuchs Buschig, ausladend, reichblühend. ***Blüten*** Gefüllt, schalenförmig, bis 15 cm groß; sattes, leuchtendes Blutrot, im Verblühen meist etwas blasser. ***Duft*** Voll und fruchtig. ***Laub*** Dunkel gräulichgrün. ***Blütezeit*** Sommer bis Herbst.

- HINWEIS In der sehr winterharten, gesunden und starkwüchsigen Rose treffen die besten Anlagen der Elternsorten zusammen. Sie schmückt Strauch- und Mischrabatten. Bei sachgemäßer Pflege ist sie zuverlässig remontierend, so daß sie von Sommer bis Herbst kaum einmal ohne Blüten dasteht. Besondere Vorzüge sind der starke Duft und die Leuchtkraft ihrer Blüten, die nur wenig verblassen und sich von dem dunklen Laub effektvoll abheben. Sie bilden auch einen attraktiven Zimmerschmuck.
- ABSTAMMUNG 'The Squire' x 'Mary Rose'.
- ZÜCHTER Austin, England, 1988.
- WEITERER NAME Auscrim.

HÖHE
90 cm

BREITE
1,2 m

Rugosa-Strauchrose	

ROSA 'Roseraie de l'Hay'

Wuchs Kräftig, dicht, buschig. ***Blüten***. Gefüllt, schalenförmig, geöffnet flach, 11 cm groß; samtig violettrot. ***Duft*** Intensiv, lieblich, schwer. ***Früchte*** Rot; kugelig, nicht sehr zahlreich. ***Laub*** Ledrig und runzelig; saftgrün, im Herbst rot. ***Blütezeit*** Den ganzen Sommer bis in den Herbst.

- HINWEIS Sehr attraktiv als Hecke; wegen der kräftigen Farbe in Mischrabatten mit Bedacht einsetzen. Wetterfest, toleriert leichten Schatten.
- ABSTAMMUNG Sport von *R. rugosa*.
- ZÜCHTER Cochet-Cochet, Frankreich, 1901.

HÖHE
2,2 m

BREITE
2 m

Büschelblütige Strauchrose	

ROSA 'Fiona'

Wuchs Buschig, geschlossen, ausladend.
Blüten Gefüllt, flach, 5–8 cm groß; üppige Büschel in Blutrot mit hellem Auge und goldgelben Staubgefäßen. ***Duft*** Schwach. ***Laub*** Dicht, zierlich; dunkelgrün glänzend. ***Blütezeit*** Sommer bis Herbst.

- HINWEIS Exzellent für Beete, Mischrabatten, niedrige Hecken, auch als Bodendecker. Liebt warme, sonnige Lagen.
- ABSTAMMUNG 'Sea Foam' x 'Picasso'.
- ZÜCHTER Meilland, Frankreich, 1979.
- WEITERER NAME Meibeluxen.

HÖHE
80 cm

BREITE
1,2 m

China-Rose	GRÜNE ROSE

ROSA 'Viridiflora'

Wuchs Buschig, aufrecht, locker verzweigt.
Blüten Gefüllt, 2,5 cm groß und sehr haltbar. Anstelle von Petalen bilden sich gesägte grüne Kelchblätter aus, die sich allmählich purpurn verfärben. ***Duft*** Nicht vorhanden. ***Laub*** Klein und spitz; glänzend dunkelgrün. ***Blütezeit*** Sommer bis Herbst.

- HINWEIS Schnittblume. Am besten in fruchtbarem Boden und voller Sonne bei minimalem Schnitt.
- ABSTAMMUNG Unbekannt.
- HERKUNFT Bemerkt 1833 in South Carolina, USA.
- WEITERER NAME *R. chinensis* 'Viridiflora'.

HÖHE
75–90 cm

BREITE
60 cm

Büschelblütige Strauchrose	

ROSA 'Jacqueline du Pré'

Wuchs Kräftig, überhängend. ***Blüten*** Halbgefüllt, schalenförmig, 10 cm groß, bogig gerandete Petalen; rosig überhauchtes Elfenbein, Staubblätter goldgelb. ***Duft*** Lieblich und moschusartig. ***Laub*** Dunkelgrün glänzend. ***Blütezeit*** Wiederholt von Frühsommer bis Herbst.

- HINWEIS Für Rabatten, Hecken, Gruppenpflanzungen und Mauern zu empfehlen.
- ABSTAMMUNG 'Rosika' x 'Maigold'.
- ZÜCHTER Harkness, England, 1989.
- WEITERER NAME Harwanna.

HÖHE
2 m

BREITE
1,5 m

Büschelblütige Strauchrose

ROSA 'Buff Beauty'

Wuchs Überhängend, ausladend, reichbelaubt. ***Blüten*** Gut gefüllt, schalenförmig, 9 cm groß, in prächtigen Büscheln; sattes Apricot bis sanftes Ledergelb. ***Duft*** Frisch und durchdringend. ***Laub*** Groß, dick; dunkelgrün. ***Blütezeit*** Wiederholt im Sommer, weniger häufig im Herbst.

- HINWEIS Gut zum Schnitt, für Strauch- und Mischrabatten. Verträgt leichten Schatten und ärmere Böden.
- ABSTAMMUNG Vielleicht ein Sämling von 'William Allen Richardson'.
- ZÜCHTER Bentall, England, 1939, eventuell früher.

HÖHE
Bis 1,5 m

BREITE
Bis 1,5 m

Großblumige Strauchrose

ROSA 'Golden Wings'

Wuchs Buschig, breit. ***Blüten*** Einfach, schalenförmig, bis 12 cm groß, in Schwefelgelb mit einem hervorstehenden Büschel orangeroter Staubfäden. ***Duft*** Leicht, fein und lieblich. ***Laub*** Glänzend hellgrün. ***Blütezeit*** Ausdauernd den ganzen Sommer.

- HINWEIS Für Hecken bestens geeignet; toleriert weniger fruchtbaren Boden und leichten Schatten.
- ABSTAMMUNG ('Sœur Thérèse' x *R. pimpinellifolia* 'Altaica') x 'Ormiston Roy'.
- ZÜCHTER Shepherd, USA, 1956.

HÖHE
1,1 m

BREITE
1,3 m

Rugosa-Strauchrose

ROSA 'Yellow Dagmar Hastrup'

Wuchs Buschig, ausbreitend. ***Blüten*** Locker gefüllt, leicht schalenförmig, 10–15 cm groß; gelb mit cremig-goldgelben Staubblättern. ***Duft*** Mäßig stark und fruchtig. ***Laub*** Runzelig; mattes Mittelgrün. ***Blütezeit*** Hauptsächlich im Hochsommer, schwächer nachblühend im Herbst.

- HINWEIS Als Bodendecker zu verwenden.
- ABSTAMMUNG 'Golden Angel' x 'Belle Poitevine'.
- ZÜCHTER Moore, USA, 1987.
- WEITERE NAMEN Moryelrug, 'Rustica 91', 'Topaz Jewel'.

HÖHE
80 cm

BREITE
90 cm

Büschelblütige Strauchrose

ROSA 'Sally Holmes'

Wuchs Schmal-aufrecht. ***Blüten*** Einfach, schalenförmig, 10–15 cm groß; an hohen Stielen in sehr stattlichen Büscheln von Elfenbein bis Mattledergelb. ***Duft*** Lieblich und zart. ***Laub*** Groß; glänzend dunkelgrün. ***Blütezeit*** Wiederholt vom Sommer bis in den Herbst.

• HINWEIS Sorgfältig plaziert, macht sich diese Rose trotz ihrer schlank aufstrebenden Silhouette in Beeten und Rabatten sehr hübsch. Mitunter lassen sie die großen, schweren Blütenstände kopflastig erscheinen. Als Gegenmaßnahme empfehlen manche Fachleute, die obersten Büschel gleich zu Beginn der Blühperiode zu entfernen, um die Verzweigung der unteren Bereiche anzuregen. Die an den Seitentrieben sprießenden Blütenbüschel wirken viel leichter und anmutiger.

• ABSTAMMUNG 'Ivory Fashion' x 'Ballerina'.

• ZÜCHTER Holmes, England, 1976.

HÖHE
1,8 m

BREITE
90 cm

Pimpinellifolia-Hybride

ROSA 'Frühlingsgold'

Wuchs Kräftig, überhängend, baumähnlich; Jungtriebe mit borstigen, goldroten Stacheln besetzt. ***Blüten*** Halbgefüllt, schalenförmig, geöffnet flach, bis 15 cm groß; primelgelb mit goldfarbenen Staubblättern. ***Duft*** Nach Vanille. ***Laub*** Üppig, klein; mittelgrün. ***Blütezeit*** Einmal im Mai.

- HINWEIS Herrlich als Solitär und auf Rabatten.
- ABSTAMMUNG 'Joanna Hill' x *R. pimpinellifolia* 'Hispida'.
- ZÜCHTER Kordes, Deutschland, 1937.
- WEITERER NAME 'Spring Gold'.

HÖHE
Bis 2,5 m

BREITE
2,2 m

Büschelblütige Strauchrose

ROSA 'Chinatown'

Wuchs Stark, buschig, ungleichmäßig. ***Blüten*** Gut gefüllt, kugelig, 10 cm groß, in Büscheln; goldgelb, manchmal mit rosa Schimmer. ***Duft*** Lieblich und stark. ***Laub*** Dicht; tiefgrün glänzend. ***Blütezeit*** Den ganzen Sommer bis in den Herbst.

- HINWEIS Für Beete, Rabatten und Hecken; auch am Spalier zu ziehen, mit entsprechender Unterstützung kletternd. Leichter Schnitt.
- ABSTAMMUNG 'Columbine' x 'Cläre Grammerstorf'.
- ZÜCHTER Poulsen, Dänemark, 1963.
- WEITERER NAME 'Ville de Chine'.

HÖHE
1,2 m
und mehr

BREITE
90 cm

Großblumige Strauchrose

ROSA 'The Pilgrim'

Wuchs Kräftig, buschig, aufrecht. ***Blüten*** Gut gefüllt, schalenförmig, geöffnet flach, 11 cm groß; in Reingelb mit weichen Petalen. ***Duft*** Stark, lieblich. ***Laub*** Üppig; dunkelgrün. ***Blütezeit*** Sommer bis Herbst.

- HINWEIS Robust und widerstandsfähig gegen Krankheiten. Schöne Schnittrose, reizend in Mischrabatten.
- ABSTAMMUNG 'Graham Thomas' x 'Yellow Buttons'.
- ZÜCHTER Austin, England, 1991.
- WEITERER NAME Auswalker.

HÖHE
1,1 m

BREITE
1,1 m

Großblumige Strauchrose	

ROSA 'Schloß Glücksburg'

Wuchs Aufrecht, kompakt. ***Blüten*** Gefüllt, schüsselförmig, geviertelt, flach öffnend, 9–15 cm groß; elfenbeinfarben mit bernsteingelb überhauchter Mitte. ***Duft*** Nach Tee. ***Laub*** Reich; hellgrün. ***Blütezeit*** Sommer bis Herbst.

- HINWEIS Liebt fruchtbare, gut gemulchte Böden. Ein leichter Schnitt erhält den kompakten Wuchs.
- ABSTAMMUNG ('Lilian Austin' x Sämling) x ('Schneewittchen' x 'Wife of Bath').
- ZÜCHTER Austin, England, 1987.
- WEITERE NAMEN Ausbuff, 'English Garden'.

HÖHE 90 cm

BREITE 75 cm

Großblumige Strauchrose	

ROSA 'Graham Thomas'

Wuchs Kräftig, buschig, überhängend. ***Blüten*** Gut gefüllt, tief schalenförmig, 11 cm groß; bernsteingelb. ***Duft*** Lieblich, nach Tee. ***Laub*** Glatt, glänzend; mittleres Grün. ***Blütezeit*** Frühsommer bis Herbst.

- HINWEIS Attraktive Schnittrose; schön für Mischrabatten, auch als Hochstamm. Zur Verlängerung der Blüte welke Blumen entfernen.
- ABSTAMMUNG 'Charles Austin' x ('Schneewittchen' x Sämling).
- ZÜCHTER Austin, England, 1983.
- WEITERER NAME Ausmas.

HÖHE 1,2 m

BREITE 1,5 m

Persica-Hybride	

ROSA 'Euphrates'

Wuchs Ausbreitend, buschig-hügelartig. ***Blüten*** Einfach, schalenförmig, bis 5 cm groß, in Büscheln; die fünf lachsrosa Petalen zeigen an der Basis jeweils einen scharlachroten Fleck. ***Duft*** Nicht vorhanden. ***Laub*** Unterschiedlich geformte, gesägte Blättchen; bläulichgrün. ***Blütezeit*** Einmal im Sommer.

- HINWEIS Krankheitsresistent, toleriert leichten Schatten. Für Beete, Rabatten und niedrige Hecken.
- ABSTAMMUNG *R. persica x* 'Fairy Changeling'.
- ZÜCHTER Harkness, England, 1986.
- WEITERER NAME Harunique.

HÖHE 60 cm

BREITE 75 cm

Großblumige Strauchrose	

ROSA 'Abraham Darby'

Wuchs Buschig, überhängend, rundlich. ***Blüten*** Gefüllt, tief schalenförmig, bis 15 cm groß; rosiges Apricotgelb, auf der Unterseite der Petalen blaßgelb. ***Duft*** Voll und fruchtig. ***Laub*** Glänzend dunkelgrün. ***Blütezeit*** Wiederholt im Sommer und Herbst.

- HINWEIS Schön in Rabatten und an Mauern. Wie eine Strauchrose schneiden oder, für ein natürlicheres Bild, nur totes Holz entfernen.
- ABSTAMMUNG 'Aloha' x 'Yellow Cushion'.
- ZÜCHTER Austin, England, 1985.
- WEITERER NAME Auscot.

HÖHE 1,5 m und mehr

BREITE 1,5 m

Damaszener-Rose

ROSA 'Mme Hardy'

Wuchs Kräftig, aufrecht. ***Blüten*** Gut gefüllte, geviertelte Rosetten, 10 cm groß; reinweiß mit grünem Knopfauge. ***Duft*** Frisch und lieblich. ***Laub*** Reichlich, matt, ledrig; dunkelgrün. ***Blütezeit*** Hochsommer.

- HINWEIS 'Mme Hardy' verträgt leichten Schatten und kärgeren Boden. Ausgezeichnet in Mischrabatten. Nach der Blüte einen Formschnitt vornehmen und Blütentriebe einkürzen.
- ABSTAMMUNG Unbekannt.
- ZÜCHTER Hardy, Frankreich, 1832.

HÖHE
1,5 m

BREITE
1,2 m

Wildrosen-Hybride | BIBERNELLROSE, DÜNENROSE

ROSA PIMPINELLIFOLIA 'Doppelte Weiße'

Wuchs Dicht, buschig, sehr stachelig, Ausläufer bildend. ***Blüten*** Gefüllt, schalenförmig, 4–5 cm groß, in Rahmweiß rings um die Triebe sprießend. ***Duft*** Lieblich. ***Früchte*** Klein; schwarz. ***Laub*** Zierlich, farnartig; dunkelgrün. ***Blütezeit*** Mai bis Juni.

- HINWEIS Ausgezeichnet für Naturhecken, als Solitär oder in Waldgärten. Sehr gesund.
- ABSTAMMUNG Sport der Stammart.
- HERKUNFT Die Art tritt in Europa und Asien auf.
- WEITERE NAMEN *R. pimpinellifolia* 'Double White', *R. spinosissima* 'Double White'.

HÖHE
1 m

BREITE
1,2 m

Bourbon-Rose

ROSA 'Boule de Neige'

Wuchs Locker-aufrecht, überhängend. ***Blüten*** Gut gefüllte, tief schalenförmige Rosetten, 8 cm groß, in Büscheln; die Petalen biegen sich zurück, so daß die weißen Blumen wie Schneebälle anmuten; Knospen karminrot überlaufen. ***Duft*** Kräftig, lieblich und schwer. ***Laub*** Glatt; dunkelgrün. ***Blütezeit*** Hochsommer, gelegentliche Nachblüte bis in den Herbst.

- HINWEIS Mit geeigneter Stütze sehr dekorativ an niedrigen Wänden und Säulen. Regelmäßig mulchen.
- ABSTAMMUNG 'Blanche Lafitte' x 'Sappho'.
- ZÜCHTER Lacharme, Frankreich, 1867.

HÖHE
1,5 m

BREITE
1,2 m

Bourbon-Rose

ROSA 'Souvenir de la Malmaison'

Wuchs Breit-buschig, dicht. ***Blüten*** Gut gefüllt, geviertelt, 12 cm groß; rosig überhaucht, zu Weiß verblassend, mit seidigen Petalen. ***Duft*** Lieblich-würzig, betörend. ***Laub*** Groß; mittelgrün. ***Blütezeit*** Wiederholt den ganzen Sommer.

- HINWEIS Verträgt verschiedenste Klimabedingungen, bei Nässe verkleben die Blüten aber leicht. Schön in Mischrabatten; den Boden gut mulchen.
- ABSTAMMUNG 'Mme Desprez' x Teerose.
- ZÜCHTER Béluze, Frankreich, 1843.
- WEITERER NAME 'Queen of Beauty'.

HÖHE
1,5 m

BREITE
1,5 m

Wildrosen-Hybride

ROSA 'Dupontii'

Wuchs Kräftig und aufrecht, später leicht in die Breite wachsend. ***Blüten*** Einfach, flach, 6 cm groß, in lichten Dolden; rahmweiß, manchmal mit einem Hauch Rosa, gelbe Staubblätter. ***Duft*** Lieblich und wohlriechend. ***Früchte*** Orange. ***Laub*** Graugrün mit leichtem Flaum. ***Blütezeit*** Hochsommer, gelegentlich im Spätsommer remontierend.

- HINWEIS Eignung für Hecken, Mischrabatten und Lichtungen in Waldgärten. Die Rose kommt auch mit eher mageren Böden zurecht. Sie bezaubert durch den eleganten Kontrast zwischen den herrlich geformten, rahmweißen Blüten und dem graugrünen Blattwerk. Ihre Wiege vermutet man im Rosengarten von Malmaison, dem Schloß der Kaiserin Joséphine. Redouté zeichnete sie als *R. damascena subalba*.
- ABSTAMMUNG Möglicherweise *R. damascena x R. moschata*.
- ENTSTEHUNG Frankreich, vor 1817.
- WEITERE NAMEN *R. x dupontii*, *R. moschata* var. *nivea*.

HÖHE
2,2–2,5 m

BREITE
2,2 m

China-Rose

ROSA 'Perle d'Or'

Wuchs Buschig mit schlanken, flexiblen Zweigen. ***Blüten*** Gefüllt, becherförmig, 4 cm groß, in lockeren, vielblumigen Büscheln von honiggelb überhauchtem Rosa. ***Duft*** Zart und lieblich. ***Laub*** Glänzend, zugespitzt; dunkelgrün. ***Blütezeit*** Sommer bis Herbst.

- HINWEIS Vorzüglich für Mischrabatten und für die Vase. Als Schnitt- oder Ausstellungsblume kann die Rose im Kalthaus gezogen werden.
- ABSTAMMUNG *R.-multiflora*-Sämling x 'Mme Falcot'.
- ZÜCHTER Rambaux, int. Dubreuil, Frankreich, 1883.
- WEITERER NAME 'Yellow Cécile Brunner'.

HÖHE 1,2 m und mehr

BREITE 1 m

Pimpinellifolia-Hybride

ROSA 'Stanwell Perpetual'

Wuchs Dicht verzweigt, Ausläufer treibend. ***Blüten*** Gut gefüllt, flach, 8 cm groß; blaßrosa, bei warmem Wetter fast weiß. ***Duft*** Lieblich und zart, aber durchdringend. ***Laub*** Zierlich, fein gezähnt; gräulichgrün. ***Blütezeit*** Nach der ersten Blüte im Hochsommer noch mehrfach bis spät in den Herbst.

- HINWEIS Schön als Hecke – Formschnitt im Sommer –, in Mischrabatten und als Solitär.
- ABSTAMMUNG Möglicherweise *R. pimpinellifolia* x 'Quatre Saisons' (*R. damascena* 'Bifera').
- ZÜCHTER Lee, England, 1838.

HÖHE 1 m

BREITE 1,2 m

Zentifolie

ROSA 'Fantin Latour'

Wuchs Kräftig, strauchig. ***Blüten*** Gut gefüllt, schalenförmig, 10 cm groß, in üppigen Büscheln; das anfangs klare Zartrosa verblaßt schnell. Im erblühten Zustand zeigt sich zwischen den zurückgebogenen Petalen das grüne Knopfauge. ***Duft*** Frisch, zart und lieblich. ***Laub*** Glatt; dunkelgrün. ***Blütezeit*** Hochsommer.

- HINWEIS Herrlich in einer Mischrabatte; gedeiht in freien Lagen, auch auf kärgeren Böden.
- ABSTAMMUNG Unbekannt.
- ENTSTEHUNG Ungewiß, um 1900.

HÖHE 1,5 m

BREITE 1,2 m

Alba-Rose

ROSA 'Cuisse de Nymphe'

Wuchs Die kräftigen, aufrechten Triebe biegen sich unter der Blütenlast. ***Blüten*** Gut gefüllte Rosetten, 7,5 cm groß, sehr zahlreich in hauchzartem Rosa. ***Duft*** Intensiv, dabei lieblich und fein. ***Laub*** Bläulichgrau. ***Blütezeit*** Hochsommer.

- HINWEIS Schön für Hecken und Mischrabatten. Nach der Blüte altes Holz teils herausschneiden, übrige Zweige kürzen. Möglichst gut mulchen.
- ABSTAMMUNG Unbekannt.
- ENTSTEHUNG Im 15. Jahrhundert oder noch früher.
- WEITERE NAMEN 'Maiden's Blush', 'La Séduisante'.

HÖHE 2 m

BREITE 1,3 m

China-Rose

ROSA 'Cécile Brunner'

Wuchs Aufrecht, ziemlich schlank und offen. ***Blüten*** Gut gefüllt, becherförmig, 4 cm groß, einzeln in üppigen, lockeren Büscheln; sie öffnen sich aus gerollten Knospen in blassem Muschelrosa. ***Duft*** Leicht und frisch. ***Laub*** Spärlich, klein und glatt; dunkelgrün. ***Blütezeit*** Sommer bis Herbst.
- HINWEIS Für Mischrabatten und Pflanzgefäße geeignet, auch schön als Knopflochblume.
- ABSTAMMUNG Polyantha-Rose x 'Mme de Tartas'.
- ZÜCHTER Veuve Ducher, Frankreich, 1880.
- WEITERE NAMEN 'Mignon', 'Mlle Cécile Brunner'.

HÖHE 75 cm

BREITE 60 cm

Alba-Rose

ROSA 'Céleste'

Wuchs Kräftig, buschig. ***Blüten*** Gefüllt, schalenförmig, 8 cm groß, Knospen gerollt; blaßrosa. ***Duft*** Sehr aromatisch, lieblich. ***Früchte*** Lang; rot. ***Laub*** Graugrün. ***Blütezeit*** Hochsommer.
- HINWEIS Für Hecken und Mischrabatten; wächst auch in lichtem Schatten. Nach der Blüte ganz altes Holz an der Basis wegnehmen, Triebe einkürzen.
- ABSTAMMUNG Unbekannt.
- ENTSTEHUNG Ungewiß, vielleicht in den Niederlanden im späten 18. Jahrhundert.
- WEITERER NAME 'Celestial'.

HÖHE 1,5 m

BREITE 1,2 m

Wildrose | SCHOTTISCHE ZAUNROSE, WEINROSE

ROSA RUBIGINOSA

Wuchs Robust, überhängend, bestachelt. ***Blüten*** Einfach, schalenförmig, 2,5 cm groß, einzeln oder in kleinen Büscheln; lebhaft rosa mit blasser Mitte und goldgelben Staubblättern. ***Duft*** Leicht. ***Früchte*** Eiförmig; scharlachrot. ***Laub*** Üppig, fein gezähnt; dunkelgrün, nach Äpfeln duftend. ***Blütezeit*** Hochsommer.
- HINWEIS Schön für Hecken und Gärten mit Waldcharakter. Verträgt Halbschatten und kräftigen Schnitt.
- HERKUNFT Europa bis Kleinasien, oft auf kalkhaltigem Boden und in grasbedecktem Hügelland.
- WEITERER NAME *R. eglanteria.*

HÖHE Bis 2,4 m

BREITE Bis 2,4 m

Zentifolie

ROSA 'Petite de Hollande'

Wuchs Buschig, kompakt. ***Blüten*** Gut gefüllt, geviertelt, 5 cm groß, in zahlreichen Büscheln; rosa mit dunklerer Mitte. ***Duft*** Voll und lieblich. ***Laub*** Grob gezähnt; mattes Mittelgrün. ***Blütezeit*** Hochsommer.
- HINWEIS Ideal für Pflanzgefäße und Mischrabatten. Neue Triebe nach der Blüte um die Hälfte kürzen.
- ABSTAMMUNG Unbekannt.
- ENTSTEHUNG Vielleicht in den Niederlanden um 1800.
- WEITERE NAMEN 'Pompon des Dames', 'Normandica', 'Petite Junon de Hollande'.

HÖHE 1 m

BREITE 1 m

Wildrose	HECHTROSE

ROSA GLAUCA

Wuchs Gesund, überhängend. ***Blüten*** Einfach, flach, 4 cm groß; kleine, lockere Büschel in Kirschrosa mit weißer Mitte und goldgelben Staubgefäßen. ***Duft*** Gering. ***Früchte*** Klein, kugelig und dunkelrot; in Dolden. ***Laub*** Zierlich; in der Jugend violett überhaucht, später in der Sonne purpurgrau, im Halbschatten graugrün. ***Blütezeit*** Frühsommer.

- HINWEIS In Mischrabatten setzt das Laub reizvolle Akzente. Verträgt leichten Schatten.
- HERKUNFT Gebirgsregionen Mitteleuropas.
- WEITERE NAMEN *R. rubrifolia, R. ferruginea.*

HÖHE
2 m
mit Stütze auch mehr

BREITE
1,5 m

Bourbon-Rose	

ROSA 'Reine Victoria'

Wuchs Anmutig, geschmeidig. ***Blüten*** Gut gefüllt, tief schalenförmig, 8–10 cm groß, an schlanken, bogigen Trieben; rosarot. ***Duft*** Lieblich und schwer. ***Laub*** Üppig; hellgrün. ***Blütezeit*** Mehrfach von Sommer bis Herbst.

- HINWEIS Exzellent als Hochstamm oder auf einer Mischrabatte, auch an Säulen. Verlangt fruchtbaren, gut gemulchten Boden; anfällig für Sternrußtau.
- ABSTAMMUNG Unbekannt.
- ZÜCHTER Schwartz, Frankreich, 1872.
- WEITERER NAME 'La Reine Victoria'.

HÖHE
1,8 m

BREITE
1,2 m

Alba-Rose	

ROSA 'Königin von Dänemark'

Wuchs Kräftig, weich und locker; bestachelt. ***Blüten*** Gut gefüllt, geviertelt, 8 cm groß; warmes Rosarot, das beim Aufblühen verblaßt, mit gelbem Knopfauge. ***Duft*** Stark, voll und lieblich. ***Laub*** Derb, graugrün. ***Blütezeit*** Hochsommer.

- HINWEIS Gut für Mischrabatten und Hecken.
- ABSTAMMUNG Vielleicht aus Alba- x Damaszener-Rose oder Sämling von 'Cuisse de Nymphe'.
- ZÜCHTER Booth, Deutschland, 1826.
- WEITERE NAMEN 'Belle Courtisanne', 'Queen of Denmark'.

HÖHE
1,5 m

BREITE
1,2 m

Moosrose	

ROSA X CENTIFOLIA 'Muscosa'

Wuchs Locker, kraftvoll. ***Blüten*** Gut gefüllt, kugelig bis schalenförmig, 8 cm groß, strahlend rosa mit Knopfauge; Kelchbecher und -blätter sowie Stiele dicht und leuchtendgrün bemoost. ***Duft*** Süß, schwer. ***Laub*** Voll, grob gezähnt; mittelgrün. ***Blütezeit*** Im Hochsommer über längere Zeit.

- HINWEIS Nach der Blüte leicht schneiden.
- ABSTAMMUNG Mutation von *R. x centifolia.*
- ENTSTEHUNG Frankreich, um 1700, als Urform.
- WEITERE NAMEN 'Communis', 'Old Pink Moss', 'Common Moss'.

HÖHE
1,5 m

BREITE
1,2 m

Damaszener-Rose	

ROSA 'Ispahan'

Wuchs Robust, strauchig-aufrecht. ***Blüten*** Gut gefüllt, schalenförmig, 8 cm groß, in warmem Rosa. ***Duft*** Üppig und schwer. ***Laub*** Dicht; graugrün. ***Blütezeit*** Ausgiebig im Sommer.

- HINWEIS Für Hecken, Mischrabatten und Kübel zu empfehlen. Nach der Blüte einen Formschnitt vornehmen und einen Teil des ganz alten Holzes entfernen.
- ABSTAMMUNG Unbekannt.
- ENTSTEHUNG Möglicherweise Persien, vor 1832.
- WEITERE NAMEN 'Pompon des Princes', 'Rose d'Isfahan'.

HÖHE
1,5 m

BREITE
1,2 m

Portland-Rose	

ROSA 'Jacques Cartier'

Wuchs Aufrecht, kompakt. ***Blüten*** Gut gefüllte, perfekte Viertelrosetten von 11–15 cm in lebhaftem, später verblassendem Rosa mit grünem Knopfauge. ***Duft*** Üppig und lieblich, betörend. ***Laub*** Reichlich; frischgrün. ***Blütezeit*** Mehrfach im Sommer.

- HINWEIS Die Sorte ist robust und gesund, braucht aber für eine optimale Entwicklung einen fruchtbaren, gut gemulchten Boden.
- ABSTAMMUNG Unbekannt.
- ZÜCHTER Moreau-Robert, Frankreich, 1868.
- WEITERER NAME 'Marchesa Boccella'.

HÖHE
1,8 m

BREITE
90 cm

Wildrose	GLANZROSE

ROSA NITIDA

Wuchs Aufrecht, buschig, Ausläufer bildend. ***Blüten*** Einfach, flach, 5 cm groß; zahlreich in hellem Fliederrosa mit rahmgelben Staubblättern. ***Duft*** Am Abend, maiglöckchenähnlich. ***Früchte*** Kugelig; dunkelscharlach, haltbar. ***Laub*** Klein und schmal; glänzend dunkelgrün, im Herbst rot bis purpurn überlaufen. ***Blütezeit*** Hochsommer.

- HINWEIS Gut für Pflanzgefäße und als Bodendekker. Liebt feuchte, aber durchlässige und fruchtbare, neutrale bis saure Böden in freier Lage.
- HERKUNFT Nordamerika, eingeführt 1807.

HÖHE
60 cm

BREITE
90 cm

Portland-Rose

ROSA 'Mme Knorr' 🏆

Wuchs Robust, buschig-aufrecht, reichblühend. ***Blüten*** Gut gefüllt, geviertelt, 10 cm groß; klares, leuchtendes Rosa. ***Duft*** Lieblich, durchdringend. ***Laub*** Dicht, groß; graugrün. ***Blütezeit*** Wiederholt von Sommer bis Herbst.

- HINWEIS Ideal für kleinere Gärten, schön als Hecke. Die Sorte akzeptiert verschiedenste klimatische Bedingungen.
- ABSTAMMUNG Unbekannt.
- ZÜCHTER Verdier, Frankreich, 1855.

HÖHE
1,2 m

BREITE
1 m

Remontant-Rose

ROSA 'Mrs John Laing'

Wuchs Buschig, verschwenderisch blühend. ***Blüten*** Gut gefüllt, kugelig, 12 cm groß; spitze Knospen an langen Stielen; hell silberrosa. ***Duft*** Üppig und süß. ***Laub*** Dicht; hellgrün. ***Blütezeit*** Mehrfach von Sommer bis Herbst.

- HINWEIS Schön in Beeten, Mischrabatten und Pflanzkübeln, ausgezeichnet für Sträuße.
- ABSTAMMUNG Sämling von 'François Michelon'.
- ZÜCHTER Bennett, England, 1887.

HÖHE
1 m

BREITE
80 cm

Bourbon-Rose

ROSA 'Variegata di Bologna'

Wuchs Aufrecht, schlank, überhängend. ***Blüten*** Gut gefüllt, geviertelt, 8–10 cm groß; blaßrosa, purpurrosa gefleckt und gestreift. ***Duft*** Betörend süß und voll. ***Laub*** Üppig; hellgrün. ***Blütezeit*** Gewöhnlich im Sommer, nur selten später.

- HINWEIS Die Sorte wünscht einen warmen, sonnigen, geschützten Platz mit fruchtbarem, gut gemulchtem Boden; möglichst eine Stütze anbieten und im Spätwinter schneiden. Anfällig für Sternrußtau.
- ABSTAMMUNG Unbekannt.
- ZÜCHTER Bonfiglioli, Italien, 1909.

HÖHE
2 m

BREITE
1,4 m

China-Rose

ROSA 'Old Blush'

Wuchs Buschig kompakt, reichblühend, kaum Stacheln. ***Blüten*** Gefüllt, schalenförmig, 6 cm groß, in Rosa, das silbrig verblaßt. ***Duft*** Schwach, wickenartig. ***Laub*** Zugespitzt; glänzend mittelgrün. ***Blütezeit*** Fast stetig ab Sommer bis Spätherbst.

- HINWEIS An einer geschützten Wand als Kletterrose zu ziehen; verträgt Halbschatten.
- ABSTAMMUNG Unbekannt.
- HERKUNFT China, um 1752 in Europa eingeführt.
- WEITERE NAMEN 'Parson's Pink China', 'Monthly Rose', 'Common Blush China'.

HÖHE
1 m
mit Stütze auch mehr

BREITE
80 cm
und mehr

Gallica-Rose

ROSA 'Complicata'

Wuchs Robust mit bogigen, stark bewehrten Trieben. ***Blüten*** Ungefüllte, weit geöffnete Schalen von 11–12 cm; rosa Petalen mit weißer Mitte um einen Kranz goldgelber Staubgefäße. ***Duft*** Leicht, frisch und lieblich. ***Früchte*** Kugelig; orange. ***Laub*** Dicht; frisch gräulichgrün. ***Blütezeit*** Hochsommer.

• HINWEIS Ohne Stütze bildet 'Complicata' einen großen Strauch mit anmutig gebogenen Zweigen. Besonders hübsch macht sie sich als Naturhecke oder in Gartenbereichen, wo die Pflanzen weitgehend sich selbst überlassen sind. An geeigneten Kletterhilfen rankt sie schön in alte Bäume, die sie im Sommer mit kaskadenartig herabhängenden Blüten schmückt. Sie sprießen über die gesamte Länge der Triebe und werden gern von Bienen besucht.

• ABSTAMMUNG Ungewiß, möglicherweise unter Beteiligung von *R. canina* oder *R. macrantha*.

• HERKUNFT Unbekannt.

HÖHE
Bis 2,2 m

BREITE
Bis 2,5 m

Gallica-Rose	ROSA MUNDI

ROSA GALLICA 'Versicolor'

Wuchs Anmutig, buschig. ***Blüten*** Halbgefüllt, flach, 5 cm groß; blaßrosa mit hell karminroten Streifen, goldgelbe Staubblätter. ***Duft*** Leicht und zart. ***Laub*** Matt mittelgrün. ***Blütezeit*** Hochsommer.

- HINWEIS Ausgezeichnet für Mischrabatten und Hecken. Gedeiht am besten in gut gemulchtem Boden in freier Lage. Nach der Blüte neue Triebe um ein Drittel einkürzen.
- ABSTAMMUNG Sport von *R. gallica* var. *officinalis*.
- ENTSTEHUNG Seit dem 16. Jahrhundert bekannt.
- WEITERER NAME *R. gallica* 'Variegata'.

HÖHE
75 cm

BREITE
1 m

China-Rose	

ROSA CHINENSIS 'Mutabilis'

Wuchs Licht, anmutig, mit langen, dünnen Trieben. ***Blüten*** Einfach, flach schalenförmig, 6 cm groß; ledergelb, später rosa und zuletzt dunkel karminrot. ***Duft*** Schwach. ***Laub*** Üppig und glänzend; im Austrieb kupfrig. ***Blütezeit*** Frühsommer bis Herbst.

- HINWEIS Empfehlenswert als Hecke, für Pflanzkübel oder auch als Bewuchs einer geschützten Wand. Freie Lagen vermeiden.
- ABSTAMMUNG Unbekannt.
- HERKUNFT China, eingeführt vor 1894.
- WEITERE NAMEN 'Mutabilis', 'Tipo Ideale'.

HÖHE
1,2 m

BREITE
90 cm

Gallica-Rose	

ROSA 'Charles de Mills'

Wuchs Aufrecht, bogig, beinahe stachellos.
Blüten Gut gefüllt, geviertelt, flach, 10–13 cm groß; karminviolett mit fliedergrauen Tönen, später dunkel purpurrot. ***Duft*** Mäßig stark. ***Laub*** Üppig; mattes Tiefgrün. ***Blütezeit*** Hochsommer.

- HINWEIS Gut für Hecken, am schönsten mit leichter Unterstützung. Nach der Blüte alte, unergiebige Zweige entfernen.
- ABSTAMMUNG Ungewiß.
- ZÜCHTER Unbekannt.
- WEITERER NAME 'Bizarre Triomphant'.

HÖHE
1,2 m

BREITE
1 m

Bourbon-Rose

ROSA 'Louise Odier'

Wuchs Aufrecht, überhängend. ***Blüten*** Gut gefüllt, schalenförmig, kamelienähnlich, 9–12 cm groß; in Büscheln von warmem Rosarot mit Fliedernuancen. ***Duft*** Voll und lieblich. ***Laub*** Hell graugrün. ***Blütezeit*** Mehrfach von Hochsommer bis Herbst.

- HINWEIS Möglichst stützen; liebt fruchtbaren, gut gemulchten Boden. Anfang Frühjahr wie großblumige Beetrosen, doch weit weniger, schneiden.
- ABSTAMMUNG Sämling von 'Emile Courtier'.
- ZÜCHTER Margottin, Frankreich, 1851.
- WEITERER NAME 'Mme de Stella'.

HÖHE
2 m

BREITE
1,2 m

Zentifolie

ROSA X CENTIFOLIA 'Cristata'

Wuchs Weich, strauchig verzweigt. ***Blüten*** Gut gefüllt, schalenförmig, 9 cm groß, leuchtendes, reines Rosa; am stark vergrößerten, dreispitzähnlichen Blütenkelch ausgeprägte moosartige Auswüchse. ***Duft*** Lieblich, durchdringend. ***Laub*** Dicht, groß und nickend; mattgrün. ***Blütezeit*** Hochsommer.

- HINWEIS Schön an einem Dreifuß; gut mulchen.
- ABSTAMMUNG Sport/Sämling von *R. x centifolia.*
- ENTSTEHUNG Schweiz, 1820.
- WEITERE NAMEN 'Chapeau de Napoléon', 'Crested Moss', 'Crested Provence'.

HÖHE
1,5 m

BREITE
1,2 m

Gallica-Rose | APOTHEKERROSE, PROVINS-ROSE

ROSA GALLICA var. *OFFICINALIS*

Wuchs Anmutig, buschig, Ausläufer treibend. ***Blüten*** Halbgefüllt, flach, 8 cm groß; hell karminrot mit goldgelben Staubblättern. ***Duft*** Frisch. ***Früchte*** Klein, rund; rot. ***Laub*** Dicht, rauhe Oberfläche; dunkelgrün. ***Blütezeit*** Hoch- bis Spätsommer.

- HINWEIS Geeignet für Mischrabatten und sonnige Böschungen; treibt schnell Ausläufer.
- ABSTAMMUNG Älteste in Kultur befindliche Form von *R. gallica.*
- ENTSTEHUNG Bekannt seit dem 13. Jahrhundert.
- WEITERER NAME 'Red Damask'.

HÖHE
80 cm

BREITE
1 m

Damaszener-Rose

ROSA 'Rose de Resht'

Wuchs Aufrecht, kompakt. ***Blüten*** Gut gefüllt, kamelienähnlich, 8 cm groß; helles Purpurrot, das sich im Lauf der Zeit zu Magentarosa verfärbt. ***Duft*** Kräftig, betörend lieblich. ***Laub*** Dicht, grob gemasert; tiefgrün. ***Blütezeit*** Ab Mitte Juni fortlaufend bis zum späten Herbst.

- HINWEIS Kräftiger Schnitt fördert schönen Wuchs.
- ABSTAMMUNG Unbekannt.
- HERKUNFT Ungewiß, evtl. Persien oder Frankreich, in den vierziger Jahren von Nancy Lindsay eingeführt.
- WEITERE NAMEN 'Rose de Rescht', 'Gul e Rescht'.

HÖHE
90 cm

BREITE
75 cm

Schottische Zaunrose	

ROSA 'Lady Penzance'

Wuchs Kräftig, schön verzweigt. ***Blüten*** Einfach, leicht schalenförmig, 4 cm groß; kupfriges Lachsrosa, goldfarbene Staubgefäße. ***Duft*** Gering. ***Früchte*** Rundlich; rot. ***Laub*** Fein gezähnt, mittelgrün; starker Apfelduft. ***Blütezeit*** Hochsommer.

• HINWEIS Die Sorte toleriert Schatten und ärmere Böden. Eignung für Gärten mit Waldcharakter und Hecken.

• ABSTAMMUNG *R. rubiginosa x R. foetida* oder *R. foetida* 'Bicolor'.

• ZÜCHTER Penzance, England, 1894.

☼ ◊ ❄❄❄

HÖHE 1,8 m und mehr

BREITE 1,8 m

Wildrose	KARTOFFELROSE, APFELROSE

ROSA RUGOSA

Wuchs Robust, dicht und aufrecht. ***Blüten*** Einfach, schalenförmig, 9 cm groß, weiß oder purpurrosa. ***Duft*** Fein und lieblich. ***Früchte*** Groß, rund und orangerot; oft gleichzeitig mit den letzten Blüten. ***Laub*** Ledrig, stark geadert und runzelig; dunkelgrün mit goldgelber Herbstfärbung. ***Blütezeit*** Kontinuierlich von Frühsommer bis Herbst.

• HINWEIS Ideal für eine Hecke, auch in Küstennähe, sowie für Gruppenpflanzungen.

• HERKUNFT Küstenbereiche von Ostrußland, Korea, Japan und Nordchina.

☼ ◊ ❄❄❄

HÖHE 1,2–2,5 m

BREITE 1,2–2,5 m

Wildrosen-Hybride	

ROSA MOYESII 'Geranium' 🏆

Wuchs Robust, aufrecht, überhängend. ***Blüten*** Einfach, schalenförmig bis flach, 5 cm groß, über die ganze Länge der Triebe; gedämpft scharlachrot mit rahmgelben Staubgefäßen. ***Duft*** Schwach. ***Früchte*** Zahlreich; karminrot. ***Laub*** Klein; bläulichgrün. ***Blütezeit*** Sommer.

• HINWEIS Schön als Solitär; für kleinere Gärten besser als die Art. Gute Bienenweide, im Herbst große, dekorative Hagebutten. Nach der Blüte leicht schneiden, altes Holz an der Basis entfernen.

• ZÜCHTER Royal Horticultural Society, England, 1938.

☼ ◊ ❄❄❄

HÖHE 2,5 m

BREITE 1,5 m

Bourbon-Rose	

ROSA 'Mme Isaac Pereire' 🏆

Wuchs Kräftig, locker, überhängend. ***Blüten*** Gut gefüllt, schalenförmig und geviertelt, 15 cm groß, purpurn angehauchtes Kirschrosa; die ersten Blüten sind bisweilen unvollkommen in der Form. ***Duft*** Sehr gefällig: voll, intensiv, himbeerähnlich. ***Laub*** Matt mittelgrün. ***Blütezeit*** Öfters von Sommer bis Herbst.

• HINWEIS Wächst am besten an einem freien Spalier. Ziemlich mehltauanfällig.

• ABSTAMMUNG Unbekannt.

• ZÜCHTER Garçon, Frankreich, 1881.

☼ ◊ ❄❄❄

HÖHE 2,2 m

BREITE 2 m

Moosrose	

ROSA 'Henri Martin'

🏆

Wuchs Robust, aufrecht, vom Gewicht der Blüten nach unten gebogen. ***Blüten*** Gut gefüllt, kugelig, 8 cm groß; leuchtend purpurkarmin, zart hellgrün bemoost; die voll erblühten Blumen zeigen goldgelbe Staubgefäße. ***Duft*** Kräftig und lieblich. ***Laub*** Dicht; frischgrün. ***Blütezeit*** Hochsommer.

• HINWEIS Eine extrem winterharte Rose, die aber heiße, trockene Sommer gut übersteht und leichten Schatten verträgt; gedeiht auch in Nordlage. Die äußerst blühwillige Sorte treibt über die gesamte Länge der biegsamen Zweige ihre Blüten an drahtigen Stielen. Von ihrer schönsten Seite zeigt sie sich, an einem Dreifuß oder einer Pyramide gezogen, so daß die Blüten bis beinahe zum Boden kaskadenartig herabfallen. Gleich nach der Blüte leicht zurückschneiden.

• ABSTAMMUNG Unbekannt.

• ZÜCHTER Laffay, Frankreich, 1863.

• WEITERER NAME 'Red Moss'.

☼ 💧 ❄❄❄

HÖHE
1,8 m

BREITE
1,2 m

Gallica-Rose

ROSA 'Belle de Crécy' 🏆

Wuchs Ziemlich weich, auffallend glatte Zweige. ***Blüten*** Gut gefüllt, geviertelt, 8 cm groß, von tiefem, mauve schattiertem Kirschrosa, aufhellend zu Blaßviolett und Lavendelgrau; weit geöffnet, geben die Petalen ein grünes Auge frei. ***Duft*** Lieblich, würzig, intensiv. ***Laub*** Matt graugrün. ***Blütezeit*** Hochsommer.
• HINWEIS Optimal ist ein fruchtbarer Boden in warmer, sonniger, vor starkem Wind geschützter Lage.
• ABSTAMMUNG Unbekannt.
• HERKUNFT Möglicherweise vor 1829 von Roeser, Frankreich, eingeführt.

☼ ◊ ❄❄❄

HÖHE 1,2 m

BREITE 1 m

Gallica-Rose

ROSA 'Cardinal de Richelieu' 🏆

Wuchs Buschig; weiche, kaum bestachelte Zweige. ***Blüten*** Gut gefüllt, kugelig, 8 cm groß; samtig purpurviolett, später burgunderrot; zwischen den zurückgebogenen Petalen wird manchmal ein grünes Auge sichtbar. ***Duft*** Mäßig stark. ***Laub*** Glatt; dunkelgrün. ***Blütezeit*** Hochsommer.
• HINWEIS Für Hecken und Mischrabatten mit fruchtbarem Boden. Nach der Blüte mäßig hart schneiden und alte, unproduktive Zweige entfernen.
• ABSTAMMUNG Unbekannt.
• ZÜCHTER Laffay, Frankreich, 1840.

☼ ◊ ❄❄❄

HÖHE 90 cm

BREITE 1,2 m

Moosrose

ROSA 'William Lobb' 🏆

Wuchs Kräftig, aufrecht, überhängend. ***Blüten*** Gefüllte Rosetten, 9 cm groß, oft in großen Büscheln; tiefes Karminpurpur, das beim Verblassen taubengraue, kirschrote und mauve Töne annimmt. Kräftiger, dunkler Moosbewuchs. ***Duft*** Lieblich. ***Laub*** Reichlich, groß; dunkelgrün. ***Blütezeit*** Hochsommer.
• HINWEIS Gut an Säulen, Dreifüßen und Pergolen.
• ABSTAMMUNG Unbekannt.
• ZÜCHTER Laffay, Frankreich, 1855.
• WEITERE NAMEN 'Duchesse d'Istrie', 'Old Velvet Moss'.

☼ ◊ ❄❄❄

HÖHE 1,8 m

BREITE 1,8 m

Remontant-Rose

ROSA 'Reine des Violettes'

Wuchs Ausladend, kaum Stacheln. ***Blüten*** Gut gefüllt, geviertelt, geöffnet flach, 8 cm groß; purpurrot, später violett und grau schattiert. ***Duft*** Voll, schwer. ***Laub*** Zahlreich; glänzend graugrün. ***Blütezeit*** Mehrfach üppig von Sommer bis Herbst.
• HINWEIS Schöner, reicher Flor in gut gemulchtem, feuchtem, aber nicht staunassem Boden. Kann an einer Stütze gezogen werden.
• ABSTAMMUNG Sämling von 'Pius IX.'.
• ZÜCHTER Millet-Malet, Frankreich, 1860.
• WEITERER NAME 'Queen of the Violets'.

☼ ◊ ❄❄❄

HÖHE Bis 2 m

BREITE Bis 2 m

Gallica-Rose

ROSA 'Tuscany Superb' 🏆

Wuchs Stark und aufrecht. ***Blüten*** Gefüllt, schalenförmig, 5 cm groß, voll entfaltet flach; samtig tief blutrot, später purpurn, mit goldgelben Staubgefäßen. ***Duft*** Lieblich. ***Laub*** Dicht. ***Blütezeit*** Hochsommer.
• HINWEIS Schön als Gruppe, für Hecken und in großen Kübeln. Verträgt ärmere Böden, allerdings in freier Lage. Alte, blütenlose Zweige entfernen.
• ABSTAMMUNG Sämling von 'Tuscany'.
• ZÜCHTER Rivers, England, 1837.
• WEITERE NAMEN 'Double Velvet', 'Double Tuscany'.

☼ ◇ ❄❄❄

HÖHE 1,1 m

BREITE 1 m

Remontant-Rose

ROSA 'Empereur du Maroc'

Wuchs Aufrecht. ***Blüten*** Gut gefüllt, geviertelt, aber ziemlich zerzaust, 8 cm groß; dicke, schwere Dolden von bräunlichem Dunkelrot. ***Duft*** Intensiv, lieblich. ***Laub*** Glänzend dunkelgrün. ***Blütezeit*** Hochsommer, schwächer nachblühend.
• HINWEIS Es treten leicht Sternrußtau und Mehltau auf. Die Rose braucht guten, fruchtbaren Boden und Schutz gegen die heiße Sommersonne. Wegen der schweren Blüten möglichst stützen.
• ABSTAMMUNG Sämling von 'Géant des Batailles'.
• ZÜCHTER Guinoisseau-Flon, Frankreich, 1858.

☼ ◇ ❄❄❄

HÖHE 1,2 m

BREITE 1 m

Zentifolie

ROSA 'Tour de Malakoff'

Wuchs Locker, weich, überhängend. ***Blüten*** Gut gefüllte Rosetten, 12 cm groß; magentapurpurn mit violetter Aderung, zu Lilagrau verblassend. ***Duft*** Betörend stark und lieblich. ***Laub*** Üppig; von mittlerem Grün. ***Blütezeit*** Hochsommer.
• HINWEIS Leichte Stützen fördern schönen Wuchs. Nach der Blüte die Triebe auf die Hälfte einkürzen.
• ABSTAMMUNG Ungewiß, möglicherweise Bourbon- x Gallica-Rose.
• ZÜCHTER Soupert et Notting, Luxemburg, 1856.
• WEITERER NAME 'Black Jack'.

☼ ◇ ❄❄❄

HÖHE 2 m

BREITE 1,5 m

Moosrose

ROSA 'Nuits de Young'

Wuchs Locker-aufrecht mit drahtigen Trieben. ***Blüten*** Gefüllt, flach, 5 cm groß; kastanienbraun schattiertes, samtiges Tiefpurpur, dunkel rotbraun bemoost. ***Duft*** Fein und fruchtig. ***Laub*** Zierlich; tiefgrün. ***Blütezeit*** Hochsommer.
• HINWEIS In Mischrabatten ein aparter Kontrast zu helleren Farben. Braucht feuchten, gut dränierten und fruchtbaren Boden; nach der Blüte schneiden.
• ABSTAMMUNG Unbekannt.
• ZÜCHTER Laffay, Frankreich, 1845.
• WEITERER NAME 'Old Black'.

☼ ◇ ❄❄❄

HÖHE 1,2 m

BREITE 1 m

Wildrose

ROSA PRIMULA

Wuchs Geschmeidig. ***Blüten*** Einfach, schalenförmig, 4 cm groß; einzeln an schlanken, überhängenden Zweigen in Schlüsselblumengelb, zu hellem Rahmgelb verblassend. ***Duft*** Leicht und fein. ***Früchte*** Klein, fast kugelrund; rötlichbraun. ***Laub*** Üppig, farnartig, nach Regen mit sehr aromatischem Duft; mittelgrün, im Austrieb rotbraun. ***Blütezeit*** Spätes Frühjahr.
• HINWEIS Die *R. hugonis* nahestehende Rose trägt ihre zarten Blüten über die gesamte Länge der Zweige, die mit elegantem, gefiedertem Laub besetzt sind. Sie ist besonders für geschützte Lagen zu empfehlen, etwa einen Innenhof oder einen ummauerten Garten, wo sich der weihrauchähnliche Duft bei Windstille voll entfalten kann.
• HERKUNFT Eingeführt 1910 von Meyer aus Samarkand in Zentralasien.

HÖHE
2 m

BREITE
2 m

Wildrose	FUCHSROSE

ROSA FOETIDA

Wuchs Locker-aufrech; braunes Holz. ***Blüten*** Einfach, schalenförmig, 5 cm groß; einzeln oder paarweise in Leuchtendgelb, auffällige Staubgefäße. ***Duft*** Streng, rosenuntypisch. ***Früchte*** Rundlich; ziegelrot. ***Laub*** Aromatisch; matt blaßgrün. ***Blütezeit*** Frühsommer.

- HINWEIS Schön für eine Strauch- oder Mischrabatte. Liebt einen warmen, geschützten Platz, kann in strengen Wintern zurückfrieren; anfällig für Sternrußtau.
- HERKUNFT Kleinasien, auf Geröllhalden und in Gebüschen.
- WEITERER NAME *R. lutea.*

☼ ◊ ❄❄❄

HÖHE 1,5 m

BREITE 1,5 m

Wildrose	

ROSA ECAE

Wuchs Aufrecht, drahtig, dicht verzweigt, Ausläufer bildend. ***Blüten*** Einfach, schalenförmig, 2 cm groß, über die ganze Länge der rötlichen Triebe sprießend; kräftig goldgelb. ***Duft*** Süß-moschusartig. ***Früchte*** Rund, nur erbsengroß; glänzend rotbraun. ***Laub*** Klein, aromatisch, farnartig; gräulichgrün. ***Blütezeit*** Spätes Frühjahr bis Frühsommer.

- HINWEIS Die Rose verlangt einen warmen, geschützten Platz ohne Staunässe.
- HERKUNFT Steinige Hänge Afghanistans, eingeführt 1880.

☼ ◊ ❄❄❄

HÖHE 1,5 m

BREITE 1,2 m

Wildrosen-Hybride	

ROSA XANTHINA 'Canary Bird' 🏆

Wuchs Dicht, bogig. ***Blüten*** Einfach, schalenförmig, 5 cm groß; kanariengelb, Staubblätter goldgelb. ***Duft*** Moschusartig. ***Früchte*** Rund; schwärzlichrot. ***Laub*** Klein, farnartig; mittelgrün. ***Blütezeit*** Spätes Frühjahr, mitunter nochmals im Herbst.

- HINWEIS Eindrucksvoll als Solitär und als Hecke. Ideal ist ein freier Standort mit fruchtbarem Boden.
- ABSTAMMUNG Evtl. *R. hugonis x R. xanthina* oder ein Sämling von *R. xanthina* f. *spontanea.*
- ENTSTEHUNG Ungewiß, nach 1907.
- WEITERER NAME 'Canary Bird'.

☼ ◊ ❄❄❄

HÖHE Bis 3 m

BREITE 4 m

Bodendecker

ROSA 'Kent'

Wuchs Dicht, rundlich. ***Blüten*** Halbgefüllt, leicht schalenförmig, 5 cm groß, anmutige und elegante Knospen; in rahmweißen Büscheln mit zitronengelbem Auge. ***Duft*** Schwach. ***Laub*** Üppig; satt glänzendgrün. ***Blütezeit*** Sommer bis Herbst.

• HINWEIS Gut als Bodendecker, für Beete, Rabatten und Pflanzgefäße, auch als Hochstamm.
• ABSTAMMUNG Unbekannt.
• ZÜCHTER Poulsen, Dänemark, 1991.
• WEITERE NAMEN 'White Cover', 'Pyrenees', 'Sparkler', Poulcov.

HÖHE
55 cm

BREITE
1 m

Bodendecker

ROSA 'Swany'

Wuchs Niederliegend, breit und dicht. ***Blüten*** Gut gefüllt, offen schalenförmig, 5 cm groß; in auffälligen, reinweißen Rispen. ***Duft*** Gering. ***Laub*** Reich; glänzend dunkelgrün. ***Blütezeit*** Sommer bis Herbst.

• HINWEIS Frosthart, verläßlich. Schön als Bodendecker oder als Bewuchs an einer Mauer, Böschung oder Terrasse; ebenso als Hochstamm.
• ABSTAMMUNG *R. sempervirens x* 'Mlle Marthe Carron'.
• ZÜCHTER Meilland, Frankreich, 1978.
• WEITERER NAME Meiburenac.

HÖHE
Bis 75 cm

BREITE
2 m

Bodendecker

ROSA 'Schneesturm'

Wuchs Buschig, bogig-ausladend, kräftig. ***Blüten*** Gefüllt, flach, 5 cm groß, in vielblumigen, rosigweißen Büscheln; Knospen cremefarben und gerollt. ***Duft*** Ziemlich stark; lieblich und frisch. ***Laub*** Üppig; glänzend dunkelgrün. ***Blütezeit*** Fortlaufend von Sommer bis Herbst.

• HINWEIS Ausgezeichneter Bodendecker, gute Eignung für Beete und Rabatten sowie für die Vase.
• ABSTAMMUNG Unbekannt.
• ZÜCHTER Tantau, Deutschland, 1990.
• WEITERE NAMEN 'Blenheim', Tanmurse.

HÖHE
1 m

BREITE
1,4 m

Bodendecker

ROSA 'Northamptonshire'

Wuchs Kräftig, eher locker und grazil, breitwachsend. ***Blüten*** Halbgefüllt, schalenförmig, 4–5 cm groß; große, vielblumige Büschel in Perlrosa. ***Duft*** Sanft und lieblich. ***Laub*** Füllig. ***Blütezeit*** Sommer bis Herbst.

• HINWEIS Ideal für eine sonnige Böschung, als vorderer Abschluß einer Rabatte oder als kaskadenartiger Schmuck für eine Terrasse.
• ABSTAMMUNG Unbekannt.
• ZÜCHTER Mattock, England, 1988.
• WEITERER NAME Mattdor.

HÖHE
45 cm

BREITE
90 cm

Bodendecker

ROSA 'Heideröslein Nozomi'

Wuchs Dicht über dem Erdboden, gut deckend, auch niedrig kletternd. ***Blüten*** Einfach, flach, 2,5 cm groß, in zierlichen Büscheln gleich über dem Laub; blaßrosa bis weiß. ***Duft*** Kaum vorhanden. ***Laub*** Üppig, klein und schmal; glänzend dunkelgrün, rot überlaufen. ***Blütezeit*** Hochsommer.

- HINWEIS Ideal für Steingärten. Um die Pflanze niedrig zu halten, alte Triebe im Winter schneiden.
- ABSTAMMUNG 'Fairy Princess' x 'Sweet Fairy'.
- ZÜCHTER Onodera, Japan, 1968.
- WEITERER NAME 'Nozomi'.

HÖHE 45 cm und mehr

BREITE 1,5 m

Bodendecker

ROSA 'Sommerwind'

Wuchs Dicht, etwa gleich breit wie hoch. ***Blüten*** Gefüllt, schalenförmig, 6 cm groß, in Dolden über die ganze Länge der Triebe; herzförmige Petalen in leuchtendem Reinrosa. ***Duft*** Frisch, lieblich. ***Laub*** Reichlich; glänzend dunkelgrün. ***Blütezeit*** Ab Sommer bis zum ersten Frost mit sehr reichem Flor.

- HINWEIS Für eine sonnige Böschung und für Rabatten, auch als niedrige Hecke und Stammrose.
- ABSTAMMUNG 'The Fairy' x unbekannter Sämling.
- ZÜCHTER Kordes, Deutschland, 1985.
- WEITERE NAMEN Korlanum, 'Vent d'Eté', 'Surrey'.

HÖHE 80 cm

BREITE 1,2 m

Bodendecker

ROSA 'Immensee'

Wuchs Erst bogig, dann niederliegend; robust. ***Blüten*** Einfach, flach, 4 cm groß; perlmuttrosa mit goldgelben Staubblättern. ***Duft*** Lieblich, intensiv. ***Laub*** Dicht und klein; dunkelgrün glänzend. ***Blütezeit*** Einmal von Sommermitte bis -ende.

- HINWEIS Als Rabatteneinfassung sowie für eine sonnige Böschung oder Terrasse, auch als Trauerstamm. In der Vegetationsruhe Höhe korrigieren.
- ABSTAMMUNG 'The Fairy' x *R. wichuraiana*.
- ZÜCHTER Kordes, Deutschland, 1982.
- WEITERE NAMEN Korimro, 'Grouse', 'Lac Rose'.

HÖHE 60–120 cm

BREITE Bis 3 m

Bodendecker

ROSA 'Pink Bells'

Wuchs Sehr dicht, ausbreitend. ***Blüten*** Gut gefüllte Rosetten, 4 cm groß; hellrosarote Büschel an den gesamten Trieben. ***Duft*** Gering. ***Laub*** Klein, dicht; tiefgrün glänzend. ***Blütezeit*** Hochsommer.

- HINWEIS Exzellent für den vorderen Bereich einer Rabatte oder eine Böschung in sonniger Lage. Die Sorte nimmt sich auch hübsch an einem niedrigen Zaun aus.
- ABSTAMMUNG 'Mini-Poul' x 'Temple Bells'.
- ZÜCHTER Poulsen, Dänemark, 1983.
- WEITERER NAME Poulbells.

HÖHE 75 cm

BREITE 1,5 m

Bodendecker

ROSA 'Tommelise'

Wuchs Kompakt, ungleichmäßig ausbreitend. ***Blüten*** Einfach, schalenförmig bis flach, 5 cm groß; vielblumige Büschel dicht über den Blättern in Karminrosa mit hellerem Ansatz. ***Duft*** Leicht und angenehm. ***Laub*** Dicht, klein; glänzend sattgrün. ***Blütezeit*** Sehr ausdauernd von Sommer bis Herbst.
• HINWEIS Ausgezeichneter Bodendecker für den vorderen Rabattenbereich, eine sonnige Böschung oder Terrasse; attraktiv auch mit herabhängender Blütenpracht in einem großen Pflanzbehälter. Die Sorte bildet über einen langen Zeitraum einen farbenfrohen Gartenschmuck. Sie ist unkompliziert und muß nur wenig geschnitten werden. Wie bei allen bodenbedeckenden Rosen sollte der Grund vor dem Pflanzen unbedingt sorgfältig von mehrjährigen Unkräutern befreit werden.
• ABSTAMMUNG Unbekannt.
• ZÜCHTER Kordes, Deutschland, 1991.
• WEITERE NAMEN Kortenay, 'Hertfordshire'

HÖHE
45 cm

BREITE
90 cm

Bodendecker

ROSA 'Wiltshire'

Wuchs Dicht und kompakt, ausbreitend. ***Blüten*** Gefüllt, kugelig, 6 cm groß, in üppigen, dekorativen Büscheln; tief rosarot. ***Duft*** Zart und gefällig. ***Laub*** Üppig; mittelgrün, glänzend. ***Blütezeit*** Sommer bis Herbst.

- HINWEIS Hübsch in Pflanzgefäßen und als vordere Rabatteneinfassung, an einer sonnigen Böschung oder über eine Mauer wachsend.
- ABSTAMMUNG 'Weiße Immensee' x Sämling.
- ZÜCHTER Kordes, Deutschland, 1993.
- WEITERER NAME Kormuse.

HÖHE
60 cm

BREITE
1,2 m

Bodendecker

ROSA 'Suma'

Wuchs Dicht, kriechend, mit Stützen auch niedrig kletternd. ***Blüten*** Gut gefüllte Rosetten von 2,5 cm, in Büscheln über die ganze Länge der Triebe; tiefrosa bis rubinrot, oft weiß gerandet. ***Duft*** Schwach. ***Laub*** Klein, aber reichlich; glänzend dunkelgrün, dunkelrote Herbstfärbung. ***Blütezeit*** Sommer bis Herbst.

- HINWEIS Als Bodendecker auf einer Terrasse ebenso reizend wie in Kübeln oder als Trauerstamm.
- ABSTAMMUNG Sämling von 'Heideröslein Nozomi'.
- ZÜCHTER Onodera, Japan, 1989.
- WEITERER NAME 'Harsuma'.

HÖHE
60 cm

BREITE
1,5 m

Bodendecker

ROSA 'Sommermärchen'

Wuchs Breit und dicht. ***Blüten*** Halbgefüllt, schalenförmig, 5 cm groß; zahlreich in anmutigen, kirschrosa Büscheln mit einem Kranz sattgelber Staubgefäße. ***Duft*** Fein, lieblich. ***Laub*** Voll und glänzend; dunkel bläulichgrün. ***Blütezeit*** Sommer bis Herbst.

- HINWEIS Exzellent für sonnige Böschungen und Pflanzkübel. In der Vegetationsruhe leicht schneiden.
- ABSTAMMUNG 'Weiße Immensee' x Sämling.
- ZÜCHTER Kordes, Deutschland, 1992.
- WEITERE NAMEN Korpinka, 'Pink Sunsation', 'Berkshire'.

HÖHE
50 cm

BREITE
1,2 m

Bodendecker

ROSA 'Mainaufeuer'

Wuchs Kräftig, breit. ***Blüten*** Gefüllt, schalenförmig, 2,5–5 cm groß; vielblumige, blutrote Dolden mit gelben Staubgefäßen. ***Duft*** Kaum vorhanden. ***Laub*** Klein; glänzend dunkelgrün. ***Blütezeit*** Sommer bis Spätherbst.

- HINWEIS Für sonnige Böschungen, Rabatteneinfassungen und Terrassen zu empfehlen.
- ABSTAMMUNG Unbekannt.
- ZÜCHTER Kordes, Deutschland, 1990.
- WEITERE NAMEN Kortemma, 'Fiery Sunsation', 'Chilterns'.

HÖHE
75 cm

BREITE
2,2 m

Bodendecker

ROSA 'Red Meidiland'

Wuchs Ausbreitend, dabei sehr dicht. ***Blüten*** Einfach, flach, 5 cm groß, in attraktiven Büscheln; elegant zugespitzte Knospen; samtig hellrot mit weißer Mitte, aus der goldgelbe Staubgefäße aufragen. ***Duft*** Kaum wahrnehmbar. ***Früchte*** Klein; orangerot. ***Laub*** Reich, klein; glänzend hellgrün. ***Blütezeit*** Sommer bis Herbst.

- HINWEIS Eine winterharte und gesunde Rose, die mit ihrem sehr geschlossenen Wuchs und der dichten Belaubung einen hervorragenden Bodendecker für sonnige Böschungen und Terrassenmauern abgibt. Sie muß kaum geschnitten werden und bringt über einen langen Zeitraum einen reichen Blütenflor hervor. Für eine schöne Farbwirkung sorgen anschließend auch die kleinen, aber zahlreichen Hagebutten, die bis in den Spätherbst erhalten bleiben.
- ABSTAMMUNG 'Sea Foam' x ('Picasso' x 'Eyepaint').
- ZÜCHTER Meilland, Frankreich, 1989.
- WEITERE NAMEN Meineble, 'Rouge Meillandécar'.

HÖHE
75 cm

BREITE
1,5 m

Rugosa-Hybride

ROSA X JACKSONII 'Max Graf'

Wuchs Kräftig, mit Wurzelbildung an den Trieben; dicht, überhängend. ***Blüten*** Einfach, leicht schalenförmig bis flach, 8 cm groß; rosa mit hellerer Mitte. ***Duft*** Lieblich, frisch nach Äpfeln. ***Laub*** Üppig, glänzend; kräftig leuchtendgrün. ***Blütezeit*** Sommer.

- HINWEIS Zuverlässige Unterdrückung von Unkraut auf naturnahen Rabatten und sonnigen Böschungen; braucht einen hellen und freien Platz zur ungehinderten Ausbreitung. Völlig winterhart.
- ABSTAMMUNG *R. rugosa x R. wichuraiana.*
- ZÜCHTER Bowditch, USA, 1919.

HÖHE 60 cm

BREITE 2,5 m

Bodendecker

ROSA 'Heidetraum'

Wuchs Kräftig, geschlossen und breit. ***Blüten*** Gefüllt, schalenförmig, 5 cm groß; dekorative, vielblumige Dolden in tiefem Rosarot. ***Duft*** Gering. ***Laub*** Dicht; satt glänzendgrün. ***Blütezeit*** Sommer bis mitunter spät in den Herbst.

- HINWEIS Nützlicher Bodendecker für sonnige Böschungen, Rabatten und Terrassen. Auch in großen Kübeln oder als Stammrose zu ziehen.
- ABSTAMMUNG 'Immensee' x 'Amanda'.
- ZÜCHTER Noack, Deutschland, 1988.
- WEITERE NAMEN Noatraum, 'Flower Carpet'.

HÖHE 75 cm

BREITE 1,2 m

Bodendecker

ROSA 'Sonnenschirm'

Wuchs Dicht und ausbreitend, kräftig. ***Blüten*** Gefüllt, schalenförmig, 9 cm groß, reichlich; blaß rahmgelb mit leicht eingebogenen Petalen und goldgelben Staubblättern. ***Duft*** Lieblich und frisch. ***Laub*** Gesund und üppig, mittelgrün. ***Blütezeit*** Unermüdlich von Sommer bis Herbst.

- HINWEIS Vorzüglich für eine sonnige Böschung oder Rabatte; Eignung auch für große Pflanzbehälter.
- ABSTAMMUNG Unbekannt.
- ZÜCHTER Tantau, Deutschland, 1993.
- WEITERE NAMEN Tanmirsch, 'Broadlands'.

HÖHE 75 cm

BREITE 1,3 m

Bodendecker

ROSA 'Norfolk'

Wuchs Buschig dicht, anmutig. ***Blüten*** Gefüllte Rosetten, 5 cm groß, in vielblumigen, leuchtendgelben Büscheln. ***Duft*** Leicht und fein. ***Laub*** Reich, ziemlich klein; glänzend mittelgrün. ***Blütezeit*** Sommer bis Herbst.

- HINWEIS Als Bodendecker bei begrenztem Raum eine gute Wahl; gedeiht auch in großen Pflanzgefäßen.
- ABSTAMMUNG Unbekannt.
- ZÜCHTER Poulsen, Dänemark, 1990.
- WEITERER NAME Poulfolk.

HÖHE 45 cm

BREITE 60 cm

Sempervirens-Zwergrose

ROSA 'White Pet' 🏆

Wuchs Buschig, kuppelartig. ***Blüten*** Gut gefüllt, pomponförmig, 4 cm groß; in vielblumigen, weißen Büscheln. ***Duft*** Lieblich, zart. ***Laub*** Dicht, klein; bläulichgrün. ***Blütezeit*** Sommer bis Herbst.

- HINWEIS Verträgt Halbschatten, liebt freie Lagen mit fruchtbarem Boden. Ausgezeichnet vorn in Rabatten, in Töpfen oder als Hochstamm.
- ABSTAMMUNG Sport/Sämling von 'Félicité et Perpétué'.
- ZÜCHTER Henderson, USA, 1879.
- WEITERER NAME 'Little White Pet'.

HÖHE 45 cm

BREITE 55 cm

Bodendecker

ROSA 'Avon'

Wuchs Dicht, kriechend, flach ausbreitend. ***Blüten*** Halbgefüllt, schalenförmig, 4 cm groß, in vielblumigen Büscheln; perlmutt- bis rosigweiß mit goldgelben Staubgefäßen. ***Duft*** Schwach. ***Laub*** Reichlich; glänzend mittelgrün. ***Blütezeit*** Sommer bis Herbst.

- HINWEIS Hervorragend in Balkonkästen und anderen Pflanzgefäßen sowie in Gruppen im vorderen Rabattenbereich oder in einem Hochbeet.
- ABSTAMMUNG 'Caterpillar' x Sämling.
- ZÜCHTER Poulsen, Dänemark, 1992.
- WEITERER NAME Poulmulti.

HÖHE 30 cm

BREITE 90 cm

Polyantha-Rose

ROSA 'Yvonne Rabier' 🏆

Wuchs Buschig, dicht und kompakt. ***Blüten*** Gefüllt, kugelig, 5 cm groß; stattliche Büschel in Rahmweiß. ***Duft*** Lieblich, frisch und zart. ***Laub*** Voll, klein und schlank; glänzend leuchtendgrün. ***Blütezeit*** Den ganzen Sommer und Herbst.

- HINWEIS Vorzüglich für Gruppenpflanzungen oder den vorderen Bereich einer Rabatte. Die Sorte liebt fruchtbaren, humusreichen und feuchten, aber gut dränierten Boden in freier Lage.
- ABSTAMMUNG *R. wichuraiana x* Polyantha-Rose.
- ZÜCHTER Turbat, Frankreich, 1910.

HÖHE 45–70 cm

BREITE 40 cm

Zwergrose

ROSA 'Angelita'

Wuchs Kompakt, leicht ausbreitend. ***Blüten*** Gut gefüllt, pomponförmig, 2,5 cm groß, in Büscheln; zahlreiche schmale Petalen in Cremeweiß. ***Duft*** Kaum vorhanden. ***Laub*** Üppig, zierlich frisches Grün. ***Blütezeit*** Sommer bis Herbst.

- HINWEIS Für Pflanzbehälter, auch Fensterkästen, und bei begrenztem Platz bestens geeignet. Die Rose bevorzugt fruchtbare Böden und freie Lagen.
- ABSTAMMUNG 'Moana' x 'Snow Carpet'.
- ZÜCHTER McGredy, Neuseeland, 1984.
- WEITERE NAMEN 'Snowball', Macangel.

HÖHE 20 cm

BREITE 30 cm

Flachwachsende Zwergrose	

ROSA 'Snow Carpet'

🏆

Wuchs Niederliegend, kriechend. ***Blüten*** Gut gefüllt, pomponförmig, 3 cm groß, in Rispen dicht über dem Laub sprießend; die zugespitzten Petalen sind rahmweiß. ***Duft*** Schwach. ***Laub*** Klein und schmal, aber dicht; glänzendes, klares Hellgrün.
Blütezeit Hochsommer, bisweilen erscheinen nochmals einige Blüten im Herbst.

- HINWEIS Mit ihren kriechenden Trieben bildet die Rose ein niedriges Polster mit üppiger, glänzender Belaubung, die im Hochsommer von zarten, beinahe sternförmigen Blüten übersät ist. Die Sorte läßt sich gut als Bodendecker auf einer sonnigen Böschung, im Steingarten oder vorn in Rabatten einsetzen. Nach einem langen, heißen Sommer fällt die Nachblüte oft reichlicher aus. Dekorativ auch als Zwergstamm.
- ABSTAMMUNG 'New Penny' x 'Temple Bells'.
- ZÜCHTER McGredy, Neuseeland, 1980.
- WEITERER NAME Maccarpe.

☼ ◊
❄❄❄

HÖHE
15 cm

BREITE
50 cm

Zwergrose

ROSA 'Pink Symphony'

Wuchs Gleichmäßig rundlich und dicht.
Blüten Gefüllt, becher- und später schalenförmig, 5 cm groß; vielblumige, hellrosa Büschel.
Duft Gering. ***Laub*** Klein, üppig; mittelgrün und glänzend. ***Blütezeit*** Sommer bis Herbst, reichblühend.

- HINWEIS Exzellent für Topfkultur, Beete, Rabatteneinfassungen und auch als Hochstamm.
- ABSTAMMUNG 'Coppélia 76' x 'Magic Carrousel'.
- ZÜCHTER Meilland, Frankreich, 1989.
- WEITERE NAMEN Meitonje, 'Pretty Polly', 'Sweet Sunblaze'.

HÖHE
40 cm

BREITE
45 cm

Kompakte Floribunda-Rose

ROSA 'Gentle Touch'

Wuchs Buschig-aufrecht, dicht. ***Blüten*** Gefüllt, schalenförmig bis flach, 5 cm groß, Knospen becherförmig; ansehnliche Büschel in Blaßrosa. ***Duft*** Fein und lieblich. ***Laub*** Dicht, klein und glänzend; tiefgrün.
Blütezeit Sommer bis Herbst.

- HINWEIS Schön in der Vase, als Bodendecker, niedrige Hecke, Topfbepflanzung und als Hochstamm.
- ABSTAMMUNG 'Liverpool Echo' x ('Woman's Own' x 'Memento').
- ZÜCHTER Dickson, Nordirland, 1986.
- WEITERER NAME Diclulu.

HÖHE
40 cm

BREITE
40 cm

Kompakte Floribunda-Rose

Rosa 'Queen Mother'

Wuchs Geschlossen, ausladend. ***Blüten*** Halbgefüllt, beinahe flach, 6–8 cm groß, in vielblumigen, hellrosa Büscheln; spitze Knospen. ***Duft*** Leicht. ***Laub*** Üppig und klein; glänzend dunkelgrün. ***Blütezeit*** Verschwenderisch von Sommer bis Herbst.

- HINWEIS Für sonnige Böschungen, Rabatten, Kübel; auch als Hochstamm. Leicht schneiden.
- ABSTAMMUNG *R.-wichuraiana*-Sämling x 'Toynbee Hall'.
- ZÜCHTER Kordes, Deutschland, 1991.
- WEITERER NAME Korquemu.

HÖHE
45 cm

BREITE
60 cm

Bodendecker

ROSA 'Satina'

Wuchs Dicht, ausbreitend. ***Blüten*** Halbgefüllt, schalenförmig, 5 cm groß, in Dolden; kräftiges Rosa mit rahmweißer Mitte, zu einem helleren Ton verblühend. ***Duft*** Leicht und lieblich. ***Laub*** Klein, reichlich; glänzend mittelgrün. ***Blütezeit*** Sommer bis Herbst.

- HINWEIS Als Bodendecker an sonnigen Böschungen ebenso geeignet wie als Abschluß einer Rabatte. Abgestorbene oder schwache Triebe wegnehmen.
- ABSTAMMUNG Unbekannt.
- ZÜCHTER Tantau, Deutschland, 1995.
- WEITERE NAMEN Taninaso, 'Harewood'.

HÖHE
60 cm

BREITE
1,1 m

Bodendecker

Rosa 'Mirato'

Wuchs Dicht und breit mit überhängenden Trieben. ***Blüten*** Gefüllt, schalenförmig, 6 cm groß, in üppigen Büscheln von warmem Tiefrosa. ***Duft*** Lieblich und frisch. ***Laub*** Dicht, klein; dunkelgrün glänzend. ***Blütezeit*** Sommer bis Herbst.

• HINWEIS Als Kübelbepflanzung oder Bodendecker ideal, schön auch als Stammrose.
• ABSTAMMUNG Unbekannt.
• ZÜCHTER Tantau, Deutschland, 1990.
• WEITERE NAMEN Tanotax, 'Chatsworth'.

HÖHE 60 cm

BREITE Bis 1,1 m

Zwergrose

Rosa 'Angela Rippon'

Wuchs Buschig. ***Blüten*** Gut gefüllt, becherförmig, 4 cm groß, später flach; lachsrosa. ***Duft*** Fein und zart. ***Laub*** Üppig und zierlich; dunkelgrün. ***Blütezeit*** Sommer bis Herbst.

• HINWEIS Für Pflanzbehälter, Balkonkästen sowie Gruppenpflanzungen im vorderen Rabattenbereich oder in Hochbeeten. Lohnende Ausstellungsrose; hübsch auch in zierlichen Blumenarrangements.
• ABSTAMMUNG 'Rosy Jewel' x 'Zorina'.
• ZÜCHTER De Ruiter, Niederlande, 1978.
• WEITERE NAMEN 'Ocarina', Ocaru.

HÖHE 45 cm

BREITE 30 cm

Zwergrose

Rosa 'Stacey Sue'

Wuchs Buschig-aufrecht, leicht breitwüchsig. ***Blüten*** Gut gefüllte Rosetten, 2,5 cm groß; üppige, lockere Büschel von mittlerem Rosa. ***Duft*** Schwach. ***Laub*** Dicht, klein und lanzettlich; glänzend dunkelgrün. ***Blütezeit*** Sommer bis Herbst.

• HINWEIS Ideal für kleinere Pflanzgefäße, auch Balkonkästen, bei begrenztem Raum und für Ausstellungen.
• ABSTAMMUNG 'Ellen Poulsen' x 'Fairy Princess'.
• ZÜCHTER Moore, USA, 1976.

HÖHE 25 cm

BREITE 30 cm

Zwergrose

ROSA 'Hula Girl'

Wuchs Aufrecht, buschig, ordentlich. ***Blüten*** Gut gefüllt, becherförmig, 2,5 cm groß, zugespitzte Petalen; zahlreich in hellem Lachsorange. ***Duft*** Fruchtig. ***Laub*** Voll, ledrig; glänzendes Mittelgrün. ***Blütezeit*** Sommer bis Herbst.

- HINWEIS Sehr schön für Beete, Rabatten und Topfkultur, auch für Ausstellungen. Im Winter abgestorbenes Holz entfernen.
- ABSTAMMUNG 'Miss Hillcrest' x 'Mabel Dot'.
- ZÜCHTER Williams, USA, 1975.

HÖHE 45 cm

BREITE 40 cm

Kompakte Floribunda-Rose

ROSA 'Anna Ford'

Wuchs Buschig dicht, niedrig und breit. ***Blüten*** Halbgefüllt, Knospen becherförmig, geöffnet flach, 4 cm groß; vielblumige Büschel in Orangerot mit gelber Mitte. ***Duft*** Schwach. ***Laub*** Klein; dunkelgrün glänzend. ***Blütezeit*** Den ganzen Sommer und Herbst mit reichem Flor.

- HINWEIS Für Kübel, niedrige Hecken und Beete. Tote oder schwache Triebe im Winter ausschneiden.
- ABSTAMMUNG 'Southampton' x 'Minuetto'.
- ZÜCHTER Harkness, England, 1981.
- WEITERER NAME Harpiccolo.

HÖHE 45 cm

BREITE 40 cm

Zwergrose

ROSA 'Fire Princess'

Wuchs Kompakt, aufrecht, kräftig. ***Blüten*** Gut gefüllte, schalenförmige Rosetten von 4 cm; in satt scharlachroten Rispen. ***Duft*** Schwach. ***Laub*** Reichlich, klein und ledrig; dunkelgrün. ***Blütezeit*** Wiederholt von Sommer bis Herbst.

- HINWEIS Verträgt verschiedene Klimate; liebt freie Lagen mit fruchtbarem Boden. Für Beete, Töpfe, bei wenig Platz, für Ausstellungen. Dünne Triebe leicht beschneiden, kräftigen Wuchs stark kürzen.
- ABSTAMMUNG 'Baccara' x 'Eleanor'.
- ZÜCHTER Moore, USA, 1969.

HÖHE 45 cm

BREITE 30 cm

Kompakte Floribunda-Rose

ROSA 'Wee Jock'

Wuchs Dicht, buschig. ***Blüten*** Gut gefüllte, hochgebaute Knospen öffnen sich zu Rosetten von 4 cm Größe; vielblumige Büschel in Karminscharlach. ***Duft*** Leicht und lieblich. ***Laub*** Üppig, zierlich; dunkelgrün. ***Blütezeit*** Von Sommer bis Herbst, reichlich.

- HINWEIS Ideal für Kübelbepflanzung, als Rabatteneinfassung und bei wenig Platz; schön in der Vase. Leichter Rückschnitt.
- ABSTAMMUNG 'Bad Nauheim' x 'Wee Man'.
- ZÜCHTER Cocker, Schottland, 1980.
- WEITERER NAME Cocabest.

HÖHE 45 cm

BREITE 45 cm

Zwergrose	

Rosa 'Sheri Anne'

Wuchs Aufrecht, kompakt. ***Blüten*** Gefüllt, rosettenförmig, 2,5 cm groß; in hellroten lockeren, vielblumigen Büscheln. ***Duft*** Kaum wahrnehmbar.
Laub Kleine, aber zahlreiche Blätter, ledrig und glänzend; klares Grün. ***Blütezeit*** Sommer bis Herbst.

- HINWEIS Eine lohnende Schnitt- und Ausstellungsrose. Die winterharte und gesunde Sorte blüht zuverlässig und andauernd. Geöffnet zeigen die farbenfrohen Blumen ein Büschel goldgelber Staubgefäße. Am besten gedeiht 'Sheri Anne' in freier, sonniger Lage mit fruchtbarem Boden. Sie muß nur leicht geschnitten werden. Auch in Pflanzgefäßen, sogar in großen Fensterkästen, entwickelt sie sich gut. In diesem Fall während der Wachstumsperiode monatliche Gaben eines ausgewogenen Flüssigdüngers.
- ABSTAMMUNG 'Little Darling' x 'New Penny'.
- ZÜCHTER Moore, USA, 1973.
- WEITERER NAME Morsheri.

HÖHE
30 cm

BREITE
25 cm

Zwergrose

ROSA 'Amanda'

Wuchs Geschlossen, kompakt, aufrecht. ***Blüten*** Halbgefüllte Rosetten, 4 cm groß, in samtigem Blutrot. ***Duft*** Gering. ***Laub*** Üppig, klein und glänzend; dunkelgrün. ***Blütezeit*** Sommer bis Herbst.

- HINWEIS Ausgezeichnet als Schnittrose, für Ausstellungen und Kübelkultur, auch in Fensterkästen. Im Winter einen leichten Formschnitt vornehmen und schwache Triebe entfernen.
- ABSTAMMUNG 'Scarletta' x Sämling.
- ZÜCHTER De Ruiter, Niederlande, 1982.
- WEITERE NAMEN Amruda, 'Red Ace'.

HÖHE 30 cm

BREITE 30 cm

Kompakte Floribunda-Rose

ROSA 'Top Marks'

Wuchs Rundlich-buschig, kompakt. ***Blüten*** Gut gefüllte Rosetten, 4 cm groß; in dichten, vielblumigen Dolden von leuchtendem Zinnober mit einer Spur Orange. ***Duft*** Schwach. ***Laub*** Reichlich, klein; glänzendes Mittelgrün. ***Blütezeit*** Sommer bis Herbst.

- HINWEIS Eignung für Pflanzgefäße, Beete und vordere Rabattenbereiche. Mitunter tritt Sternrußtau auf.
- ABSTAMMUNG [('Anytime' x 'Liverpool Echo') x ('New Penny' x Sämling)] x Sämling.
- ZÜCHTER Fryer, England, 1992.
- WEITERER NAME Fryministar.

HÖHE 40 cm

BREITE 45 cm

Kompakte Floribunda-Rose

ROSA 'Festival'

Wuchs Sehr geschlossen, kuppelförmig. ***Blüten*** Gut gefüllt, beinahe flach, 5 cm groß, Knospen becherförmig; samtiges Scharlach-Blutrot mit unregelmäßiger weißer Zeichnung, außen heller. ***Duft*** Leicht. ***Laub*** Dicht, zierlich; glänzendes, dunkles Bläulichgrün. ***Blütezeit*** Sommer bis Herbst.

- HINWEIS Bei begrenztem Platz, für niedrige Hekken und Kübel. Auch als Hochstamm zu ziehen.
- ABSTAMMUNG 'Regensberg' x Sämling.
- ZÜCHTER Kordes, Deutschland, 1994.
- WEITERER NAME Kordialo.

HÖHE 60 cm

BREITE 50 cm

Kompakte Floribunda-Rose

ROSA 'Fiesta'

Wuchs Buschig, ungleichmäßig. ***Blüten*** Gefüllt, schalenförmig, 5 cm groß, in vielblumigen Büscheln; hübsche Musterung in pink angehauchtem Hochrot, mit hellerem Rand und weißer Mitte. ***Duft*** Schwach. ***Laub*** Üppig; glänzend dunkelgrün. ***Blütezeit*** Sommer bis Herbst.

- HINWEIS Bewährt als Schnittrose, für Pflanzgefäße, Beete und vordere Rabattenbereiche.
- ABSTAMMUNG Unbekannt.
- ZÜCHTER McGredy, Neuseeland, 1995.
- WEITERER NAME Macfirinlin.

HÖHE 60 cm

BREITE 40 cm

Zwergrose	

ROSA 'Bluenette'

Wuchs Kompakt, aufrecht. ***Blüten*** Gefüllt, schalenförmig, 5 cm groß, lavendelfarben schattiertes Purpur. ***Duft*** Leicht und fein. ***Laub*** Reichlich, klein; hellgrün glänzend. ***Blütezeit*** Sommer bis Herbst.
- HINWEIS Für kleinere Flächen und Pflanzbehälter; liebt freie Standorte mit fruchtbarem Boden. Tote und schwache Triebe im Winter entfernen, die übrigen einkürzen.
- ABSTAMMUNG 'Little Flirt' x Sämling.
- ZÜCHTER De Ruiter, Niederlande, 1984.
- WEITERE NAMEN 'Azulabria', 'Blue Peter', Ruiblun.

HÖHE
35 cm

BREITE
30 cm

Kompakte Floribunda-Rose	

ROSA 'Little Bo-Peep'

Wuchs Äußerst kompakt, dicht, kissenartig. ***Blüten*** Halbgefüllt, flach, 4 cm groß; in sehr dichten, vielblumigen, blaßrosa Büscheln. ***Duft*** Schwach. ***Laub*** Voll, klein; glänzend bläulichgrün. ***Blütezeit*** Sehr üppig von Sommer bis Herbst.
- HINWEIS Empfehlenswert als niedrige Beetbepflanzung, Bodendecker, vordere Einfassung einer Rabatte, Topfrose und auch als Hochstamm.
- ABSTAMMUNG 'Caterpillar' x Sämling.
- ZÜCHTER Poulsen, Dänemark, 1992.
- WEITERER NAME Poullen.

HÖHE
30 cm

BREITE
50 cm

Kompakte Floribunda-Rose	

ROSA 'Hakuun'

Wuchs Buschig kompakt. ***Blüten*** Halbgefüllt, elegant, 5 cm groß; vielblumige Büschel in Ledergelb bis Rahmweiß, die das Laub beinahe zudecken. ***Duft*** Leicht, lieblich. ***Laub*** Klein, glänzend; mittelgrün. ***Blütezeit*** Sommer bis Herbst mit reichem Flor.
- HINWEIS Winterhart und verläßlich, verlangt keine besondere Pflege. Perfekt für den vorderen Rabattenbereich, Pflanzgefäße, Beete und niedrige Hecken.
- ABSTAMMUNG Sämling x ('Rosenmärchen' x 'Rosenmärchen').
- ZÜCHTER Poulsen, Dänemark, 1962.

HÖHE
40 cm

BREITE
45 cm

Kompakte Floribunda-Rose	

ROSA 'Guletta'

Wuchs Ordentlich, kompakt. ***Blüten*** Gefüllt, schalenförmig bis flach, 5 cm groß, mit schmalen Petalen; in Büscheln von klarem Gelb. ***Duft*** Schwach. ***Laub*** Zierlich und dicht; glänzendes, sattes Leuchtendgrün. ***Blütezeit*** Sommer bis Herbst.
- HINWEIS Für Töpfe, Rabatten und kleine Flächen. Möglichst in freier Lage und fruchtbarem Boden pflanzen; im Herbst oder Frühjahr leicht schneiden.
- ABSTAMMUNG 'Rosy Jewel' x 'Allgold'.
- ZÜCHTER De Ruiter, Niederlande, 1974.
- WEITERE NAMEN Rugul, 'Tapis Jaune'.

HÖHE
30 cm

BREITE
40 cm

Kompakte Floribunda-Rose

ROSA 'Golden Meillandina'

Wuchs Aufrecht und buschig. ***Blüten*** Gut gefüllte Rosetten, 4 cm groß, mit spitzen Petalen in sattem Gelb; zahlreich in Büscheln. ***Duft*** Gering. ***Laub*** Voll, klein und zugespitzt; mittelgrün. ***Blütezeit*** Von Sommer bis Herbst.

• HINWEIS Schön für Ausstellungen, Topfkultur und niedrige Hecken oder als vorderer Rabattenabschluß.
• ABSTAMMUNG 'Little Darling' x 'Yellow Magic'.
• ZÜCHTER Moore, USA, 1977.
• WEITERE NAMEN 'Golden Sunblaze', 'Rise 'n' Shine'.

HÖHE 45 cm

BREITE 40 cm

Kompakte Floribunda-Rose

ROSA 'Shine On'

Wuchs Rundlich, dicht, kompakt. ***Blüten*** Gefüllt, kugelig, 5 cm groß, in vielblumigen Büscheln; warmes Gold-Apricot, rosa schattiert. ***Duft*** Leicht und zart. ***Laub*** Klein und dicht; glänzend dunkelgrün. ***Blütezeit*** Sommer bis Herbst.

• HINWEIS Im Kübel so schön wie vorn in der Rabatte und in niedrigen Beeten; gute Schnittrose.
• ABSTAMMUNG 'Sweet Magic' x (Sämling x 'Minni Pol').
• ZÜCHTER Dickson, Nordirland, 1994.
• WEITERER NAME Dictalent.

HÖHE 40 cm

BREITE 40 cm

Kompakte Floribunda-Rose

ROSA 'Sweet Dream' 🏆

Wuchs Steif-aufrecht, buschig. ***Blüten*** Gut gefüllt, tief schalenförmig und oft geviertelt, 6 cm groß; prächtige Büschel in samtigem Pfirsich-Apricot. ***Duft*** Leicht. ***Laub*** Klein, aber üppig; matt dunkelgrün. ***Blütezeit*** Von Sommer bis Herbst; üppig.

• HINWEIS Für Beete, Töpfe, Rabatten wie als Hochstamm eine treffliche Wahl.
• ABSTAMMUNG Sämling x [('Anytime' x 'Liverpool Echo') x ('New Penny' x Sämling)].
• ZÜCHTER Fryer, England, 1988.
• WEITERER NAME Fryminicot.

HÖHE 40 cm

BREITE 35 cm

Zwergrose

ROSA 'Baby Maskerade'

Wuchs Dicht, aufrecht, buschig. ***Blüten*** Gefüllte Rosetten, 2,5 cm groß, in vielblumigen Büscheln; anfangs gelb, dann rosa und schließlich dunkel blutrot. ***Duft*** Schwach. ***Laub*** Dicht, winzig; dunkelgrün. ***Blütezeit*** Sommer bis Herbst.
- HINWEIS Die unkomplizierte Sorte ist für Beete, für Topfkultur und als Schnittrose zu verwenden, auch als Stammrose zu ziehen.
- ABSTAMMUNG 'Peon' x 'Masquerade'.
- ZÜCHTER Tantau, Deutschland, 1955.
- WEITERE NAMEN Tanbakede, Tanba, 'Baby Carnival'.

HÖHE
40 cm

BREITE
40 cm

Kompakte Floribunda-Rose

ROSA 'Gingernut'

Wuchs Buschig-rundlich, aufrecht. ***Blüten*** Gefüllt, schalenförmig, 8 cm groß; stattliche Büschel in warmem Orangebronze mit roten und rosa Nuancen. ***Duft*** Leicht, lieblich. ***Laub*** Ziemlich licht, zierlich; glänzend dunkelgrün. ***Blütezeit*** Sommer bis Herbst.
- HINWEIS Auf Beeten, als Bodendecker und in Pflanzbehältern einzusetzen, vor allem in freier Lage. Im Frühjahr oder Herbst leicht schneiden.
- ABSTAMMUNG ('Sabine' x 'Circus') x 'Minuetto'.
- ZÜCHTER Cocker, Schottland, 1989.
- WEITERER NAME Coccrazy.

HÖHE
40 cm

BREITE
45 cm

Zwergrose

ROSA 'Mandarin'

Wuchs Dicht, buschig und kompakt, kräftig. ***Blüten*** Gefüllte Rosetten, 4 cm groß; in dichten, vielblumigen Büscheln von warmem Rosa mit orangegelber Mitte. ***Duft*** Schwach. ***Laub*** Reichlich, klein; glänzend dunkelgrün. ***Blütezeit*** Sommer bis Herbst.
- HINWEIS Exzellent als niedrige Hecke, vordere Rabatteneinfassung und Kübelbepflanzung. Leichter Schnitt im Herbst oder Frühjahr.
- ABSTAMMUNG Unbekannt.
- ZÜCHTER Kordes, Deutschland, 1987.
- WEITERER NAME Korcelin.

HÖHE
40 cm

BREITE
40 cm

Kompakte Floribunda-Rose

ROSA 'Cider Cup'

Wuchs Kompakt, buschig-aufrecht. ***Blüten*** Gefüllt, schalenförmig, 4–5 cm groß, in sattem Apricot; lange, spitze Knospen in mächtigen Büscheln. ***Duft*** Gering. ***Laub*** Klein und glänzend; dunkelgrün. ***Blütezeit*** Sommer bis Herbst.

- HINWEIS Ein schöner Schmuck für Pflanzgefäße, Beete und Vasen. Auch als Hochstamm zu kultivieren.
- ABSTAMMUNG Sämling von 'Memento'.
- ZÜCHTER Dickson, Nordirland, 1988.
- WEITERER NAME Dicladida.

☼ ◊ ❄❄❄

HÖHE 45 cm

BREITE 30 cm

Kompakte Floribunda-Rose

ROSA 'Sweet Magic' 🏆

Wuchs Buschig, leicht ausladend. ***Blüten*** Gefüllt, schalenförmig, 4 cm groß; elegante, spitze Knospen in lockeren Rispen in Goldorange mit rosa Einschlag. ***Duft*** Leicht, lieblich und zart. ***Laub*** Zierlich und dicht; glänzend mittelgrün. ***Blütezeit*** Sommer bis Herbst.

- HINWEIS Ausgezeichnet für niedrige Hecken, den vorderen Bereich einer Rabatte und für Pflanzgefäße, nach Möglichkeit in freier Lage.
- ABSTAMMUNG 'Peek a Boo' x 'Bright Smile'.
- ZÜCHTER Dickson, Nordirland, 1987.
- WEITERER NAME Dicmagic.

☼ ◊ ❄❄❄

HÖHE 40 cm

BREITE 40 cm

Zwergrose

ROSA 'Colibri 79'

Wuchs Locker-aufrecht. ***Blüten*** Becherförmige Knospen öffnen sich zu gefüllten Schalen von 4 cm Größe; orangegelb mit karminroter Aderung. ***Duft*** Schwach. ***Laub*** Üppig, glänzend; mittelgrün. ***Blütezeit*** Sommer bis Herbst.

- HINWEIS Für Töpfe und kleine Flächen, möglichst in freier Lage. Im Winter tote und schwache Triebe entfernen, um einen dichten Neuwuchs zu fördern.
- ABSTAMMUNG Unbekannt.
- ZÜCHTER Meilland, Frankreich, 1979.
- WEITERER NAME Meidanover.

☼ ◊ ❄❄❄

HÖHE 30 cm

BREITE 30 cm

Zwergrose

ROSA 'Orange Meillandina'

Wuchs Ebenmäßig, geschlossen. ***Blüten*** Gut gefüllte Rosetten, 4 cm groß; leuchtend orangerot. ***Duft*** Zart. ***Laub*** Üppig, klein und spitz; glänzend dunkelgrün. ***Blütezeit*** Sommer bis Herbst.

- HINWEIS In Pflanzgefäßen und generell bei geringem Platz eine hübsche Lösung. Leicht schneiden.
- ABSTAMMUNG 'Parador' x ('Baby Bettina' x 'Duchess of Windsor').
- ZÜCHTER Meilland, Frankreich, 1981.
- WEITERE NAMEN Meijikitar, 'Sunblaze', 'Orange Sunblaze'.

☼ ◊ ❄❄❄

HÖHE 30 cm

BREITE 30 cm

Kompakte Floribunda-Rose

ROSA 'Conservation'

Wuchs Buschig und kräftig. ***Blüten*** Halbgefüllt, schalenförmig, 6 cm groß, mit anmutig gewellten Petalen; kurzstielige Büschel in Apricot-Rosa. ***Duft*** Leicht und lieblich. ***Laub*** Zierlich und dicht; glänzend mittelgrün. ***Blütezeit*** Sommer bis Herbst.

• HINWEIS Ob in Beeten, in Gruppenpflanzungen, als niedrige Hecke oder in Pflanztrögen, diese Rose nimmt sich immer hübsch aus. Am besten gedeiht sie in freier Lage. Wie alle Zwergrosen ist sie ideal für kleinere Gärten beziehungsweise generell bei begrenztem Platzangebot. Regelmäßig welke Blütenköpfe entfernen; zur Förderung von gleichmäßigem, dichtem Wuchs im Winter die ältesten Zweige abnehmen und die übrigen Triebe um bis zu einem Drittel einkürzen.

• ABSTAMMUNG [('Sabine' x 'Circus') x 'Maxi'] x 'Minuetto'.

• ZÜCHTER Cocker, Schottland, 1988.

• WEITERER NAME Cocdimple.

HÖHE
45 cm

BREITE
45 cm

Rambler

ROSA 'Rambling Rector'

Wuchs Sehr kräftig, kletternd, überhängend. ***Blüten*** Halbgefüllt, flach, 4–5 cm groß, in üppigen, cremeweißen Dolden mit goldgelben Staubgefäßen. ***Duft*** Lieblich und frisch. ***Früchte*** Klein, eiförmig; rot und glänzend. ***Laub*** Voll, matt glänzend; hell- bis mittelgrün. ***Blütezeit*** Einmal im Sommer.

- HINWEIS Ideal zum Kaschieren eines unschönen Gebäudes oder zum Beranken eines großen Baumes. Braucht viel Raum.
- ABSTAMMUNG Evtl. *R. multiflora x R. moschata.*
- HERKUNFT Unbekannt, eingeführt vor 1912.

HÖHE 6 m und mehr

BREITE 6 m

Kletterrose

ROSA 'White Cockade'

Wuchs Langsamwachsend, buschig und aufrecht. ***Blüten*** Gut gefüllt, kugelig, 10 cm groß; reinweiß, wohlgeformt und sehr dekorativ. ***Duft*** Leicht. ***Laub*** Dicht, groß, anmutig; glänzend dunkelgrün. ***Blütezeit*** Beinahe fortlaufend von Sommer bis Herbst.

- HINWEIS Gute Schnittrose. Ausgezeichnet an Mauern, Zäunen und Pfosten; auch als Strauch zu ziehen.
- ABSTAMMUNG 'New Dawn' x 'Circus'.
- ZÜCHTER Cocker, Schottland, 1969.

HÖHE 2–3 m

BREITE 1,5 m

Rambler

ROSA 'Sander's White Rambler'

Wuchs Kräftig, bogig herabhängend. ***Blüten*** Gut gefüllte Rosetten, 5 cm groß, in üppigen, weißen Büscheln. ***Duft*** Lieblich, intensiv. ***Laub*** Dicht, klein; mittelgrün glänzend. ***Blütezeit*** Ab Hochsommer.

- HINWEIS Exzellent für hohe Säulen oder eine Pergola. Die Sorte läßt sich auch als Bodendecker an einer sonnigen Böschung und zum Beranken von Sträuchern einsetzen oder als Trauerstamm ziehen.
- ABSTAMMUNG Unbekannt.
- HERKUNFT Unbekannt, aus Belgien nach England geschickt und dort 1912 von Sander eingeführt.

HÖHE 3,5 m

BREITE 3,5 m

Kletterrose

ROSA FILIPES 'Kiftsgate'

Wuchs Raschwüchsig mit starken, gebogenen Trieben. ***Blüten*** Einfach, schalenförmig, 4 cm groß; duftige, rahmweiße Rispen. ***Duft*** Lieblich, durchdringend. ***Früchte*** Klein, eiförmig; rot. ***Laub*** Groß; glänzend und frischgrün. ***Blütezeit*** Hochsommer.

- HINWEIS Zum Beranken großer Bäume oder unansehnlicher Gebäude. Nur für größere Gärten geeignet.
- ABSTAMMUNG Sport oder Selektion von *R. filipes*.
- HERKUNFT Eingeführt von E. Murrell, England, 1954.
- WEITERER NAME 'Kiftsgate'.

HÖHE 10 m und mehr

BREITE 7 m

Rambler

ROSA 'Albéric Barbier'

Wuchs Kräftig mit schlanken, biegsamen Trieben. ***Blüten*** Gut oder auch halbgefüllte Rosetten, 8 cm groß, in kleinen, aber vielblumigen Büscheln; rahmweiß, in der Knospe gelb. ***Duft*** Lieblich und zart. ***Laub*** Halbimmergrün; glänzend dunkelgrün. ***Blütezeit*** Früh- bis Hochsommer.

- HINWEIS Bestens geeignet zum Beranken von Bäumen und Pergolen. Die Sorte toleriert Nordwände, leichten Schatten und kärgere Böden.
- ABSTAMMUNG *R. wichuraiana x* 'Shirley Hibberd'.
- ZÜCHTER Barbier, Frankreich, 1900.

HÖHE 5 m und mehr

BREITE 4 m

Kletterrose

ROSA MULLIGANII

Wuchs Sehr kräftig, mit hakenförmigen Stacheln kletternd. ***Blüten*** Einfach, flach, 4–5 cm groß; rahmweiß, bis zu 150 Blüten pro Büschel. ***Duft*** Leicht, frisch. ***Früchte*** Klein, rund; orange-scharlachrot. ***Laub*** Groß; dunkelgrün glänzend. ***Blütezeit*** Hochsommer.

- HINWEIS Zum Beranken eines großen Baumes in geschützter Lage oder auch als Pergolabewuchs ideal.
- HERKUNFT Yünnan; wo Forrest sie Samen sammelte und 1919 nach Wisley in England schickte.
- WEITERER NAME *R. longicuspis* (fälschlich verwendet).

HÖHE 5 m und mehr

BREITE 3 m

Kletterrose

ROSA 'Bobbie James'

Wuchs Äußerst kräftig mit langen, dicken Trieben. ***Blüten*** Halbgefüllt, schalenförmig bis flach, 5 cm groß; creme- bis perlweiß in großen, herabhängenden Büscheln. ***Duft*** Lieblich, intensiv. ***Laub*** Reichlich; glänzend frischgrün. ***Blütezeit*** Sommer.

- HINWEIS Perfekt zum Verbergen unschöner Gebäude oder zum Beranken stattlicher, alter Bäume. Starke Stütze erforderlich; braucht viel Platz.
- ABSTAMMUNG Ungewiß, vermutlich unter Beteiligung von *R. multiflora*.
- ZÜCHTER Sunningdale Nurseries, England, 1961.

HÖHE 9 m

BREITE 6 m

Kletterrose

ROSA 'Félicité et Perpétué'

Wuchs Kräftig, überhängend. ***Blüten*** Gut gefüllte Rosetten, 4 cm groß, in stattlichen, lockeren, leicht nickenden Büscheln; rahmweiß, Knospen rot. ***Duft*** Schlüsselblumenartig, zart. ***Laub*** Beinahe immergrün; klein und zugespitzt, dunkelgrün. ***Blütezeit*** Hochsommer.

• HINWEIS Die wuchsfreudige, fast stachellose Rose wird seit langem wegen ihrer lieblich duftenden, rosettenförmigen Blüten geschätzt, die mitten im Sommer zahlreich in kaskadenförmigen Büscheln den Garten zieren. Besonders reizvoll wirkt die Rose an einem ruhigen Gewässer, in dem sie sich spiegelt. Da sie sich am besten bei minimalem Rückschnitt entwickelt, eignet sie sich auch hervorragend für Pergolen, Bögen, große Dreifüße und Pyramiden sowie zum Beranken von Bäumen. Sie verträgt ärmere Böden und leichten Schatten und gedeiht auch an einer Nord- oder Nordwestwand.

• ABSTAMMUNG Unbekannt.

• ZÜCHTER Jacques, Frankreich, 1827.

• WEITERER NAME 'Félicité Perpétué'.

HÖHE
5 m

BREITE
4 m

Kletterrose

ROSA 'Schwanensee'

Wuchs Aufrecht, starr, verzweigt. ***Blüten*** Gefüllt, becherförmig, 10 cm groß, einzeln oder in kleinen Büscheln; weiß mit blaßrosa angehauchter Mitte. ***Duft*** Leicht und lieblich. ***Laub*** Üppig; dunkelgrün. ***Blütezeit*** Sommer bis Herbst.

- HINWEIS Wetterbeständig, aber anfällig für Sternrußtau. Eine anmutige Kletterrose für Mauern, Zäune, Spaliere und andere Stützen.
- ABSTAMMUNG 'Memoriam' x 'Gruß an Heidelberg'.
- ZÜCHTER McGredy, Nordirland, 1968.
- WEITERER NAME 'Swan Lake'.

HÖHE
3 m

BREITE
2 m

Rambler

ROSA 'Goldfinch'

Wuchs Dicht, überhängend; beinahe stachellos. ***Blüten*** Halbgefüllte Rosetten, 4 cm groß, in üppigen Büscheln; blaß dottergelb, bei starker Sonne zu Creme verblassend, mit goldgelben Staubgefäßen. ***Duft*** Stark und fruchtig. ***Laub*** Reichlich; glänzend mittelgrün. ***Blütezeit*** Hochsommer.

- HINWEIS Ausgezeichnet für Mauern, Zäune, Säulen oder alte Apfelbäume. Verträgt auch kärgere Böden und leichten Schatten; gute Bienenweide.
- ABSTAMMUNG 'Hélène' x unbekannt.
- ZÜCHTER Paul, England, 1907.

HÖHE
2,5 m

BREITE
2 m

Kletterrose

ROSA 'Mme Alfred Carrière'

Wuchs Aufrecht, eher steif mit glatten, schlanken Trieben. ***Blüten*** Gefüllt, schalenförmig, gardenienartig, milchigweiß, 8 cm groß; jeweils zu wenigen in Büscheln. ***Duft*** Frisch, lieblich. ***Laub*** Dicht, groß; blaßgrün. ***Blütezeit*** Sommer bis Herbst.

- HINWEIS Ideal für Wände, Bäume, Spaliere und Pergolen, auch als Hecke zu ziehen. Sehr winterhart und zuverlässig; verträgt auch eine Nordwand, blüht dort aber weniger üppig.
- ABSTAMMUNG Unbekannt.
- ZÜCHTER Schwartz, Frankreich, 1879.

HÖHE
Bis 5,5 m

BREITE
Bis 3 m

Kletterrose

ROSA 'New Dawn'

Wuchs Stark, überhängend, schön verzweigt. ***Blüten*** Gefüllt, schalenförmig, 8 cm groß; schlanke, spitze Knospen in großen Büscheln von blassem Perlrosa. ***Duft*** Lieblich, frisch. ***Laub*** Dicht; leicht glänzend, dunkelgrün. ***Blütezeit*** Sommer bis Herbst.

- HINWEIS Sehr unkompliziert; wächst auch an Nordwänden. Für Pergolen, Bögen, Zäune, Wände oder Säulen; ebenso als Hecke oder Strauch.
- ABSTAMMUNG Sport von 'Dr. W. Van Fleet'.
- ZÜCHTER Somerset Rose Nurseries, USA, 1930.
- WEITERER NAME 'Everblooming Dr. W. Van Fleet'.

HÖHE
Bis 5 m

BREITE
Bis 5 m

Polyantha-Kletterrose

ROSA 'Climbing Cécile Brunner'

Wuchs Äußerst kräftig. ***Blüten*** Gut gefüllt, becherförmig, 4 cm groß; einzeln und in großen, locker angeordneten Büscheln von hellem Muschelrosa; gerollte Knospen. ***Duft*** Zart und frisch. ***Laub*** Reichlich, dicht; leuchtendgrün. ***Blütezeit*** Wiederholt den ganzen Sommer hindurch.
- HINWEIS Gut geeignet zum Beranken von Bäumen, Gebäuden und stabilen Pergolen; verträgt etwas Schatten. Die Blüten erinnern an die Stammsorte.
- ABSTAMMUNG Sport von 'Cécile Brunner'.
- ZÜCHTER Hosp, USA, 1894.

HÖHE
Bis 7,5 m

BREITE
Bis 6 m

Rambler

ROSA 'Blush Rambler'

Wuchs Kräftig, überhängend. ***Blüten*** Halbgefüllt, schalenförmig, 4 cm groß, in stattlichen, kaskadenartig herabhängenden, konischen Büscheln; apfelblütenrosa mit goldgelben Staubblättern. ***Duft*** Leicht, fein und lieblich. ***Laub*** Üppig; hellgrün. ***Blütezeit*** Später Hochsommer.
- HINWEIS Die Sorte toleriert auch ärmere Böden und Halbschatten; schön in Landhausgärten, an Hauswänden und Pergolen oder als Baumbewuchs.
- ABSTAMMUNG 'Crimson Rambler' x 'The Garland'.
- ZÜCHTER Cant, England, 1903.

HÖHE
3 m

BREITE
4 m

Rambler

ROSA 'Little Rambler'

Wuchs Ausladend und locker mit biegsamen Trieben. ***Blüten*** Gut gefüllte Rosetten, 5 cm groß; weißlichrosa, büschelweise entlang den Stielen. ***Duft*** Lieblich, durchdringend. ***Laub*** Klein, aber reichlich; matt glänzend, dunkelgrün. ***Blütezeit*** Sommer bis Herbst.
- HINWEIS Ideal für kleine Gärten oder bei wenig Platz an niedrigen Zäunen, Spalieren oder Säulen.
- ABSTAMMUNG ('Cécile Brunner' x 'Baby Faurax') x ('Red Yesterday' x 'Heideröslein Nozomi').
- ZÜCHTER Warner, England, 1994.
- WEITERER NAME Chewramb.

HÖHE
2 m

BREITE
2 m

Rambler

ROSA 'Albertine'

Wuchs Stark, buschig verzweigt, mit überhängenden, bestachelten, rötlichen Trieben. ***Blüten*** Gut gefüllt, schalenförmig, 8 cm groß; kleine Büschel in Kupferrosa, Knospen lachsrot. ***Duft*** Voll und lieblich. ***Laub*** Reichlich, klein, kräftig; mittel- bis dunkelgrün. ***Blütezeit*** Einige Wochen im Hochsommer.
- HINWEIS Schön an Zäunen oder Pergolen wie als großer Strauch. Bei Trockenheit Mehltaugefahr.
- ABSTAMMUNG *R. wichuraiana* x 'Mrs Arthur Robert Waddell'.
- ZÜCHTER Barbier, Frankreich, 1921.

HÖHE
5 m

BREITE
5 m

Kletterrose	

ROSA 'Phyllis Bide'

Wuchs Kräftig, doch eher weich; reich verzweigt. *Blüten* Gefüllt, flach mit trichterförmiger Mitte, 5 cm groß, in anmutigen Büscheln; rosa bis rot überlaufenes Cremegelb, das mit der Zeit nachdunkelt. *Duft* Gering. *Laub* Dicht, schmal; glänzend hellgrün. *Blütezeit* Wiederholt den Sommer und Herbst hindurch.

• HINWEIS Die Sorte macht sich sehr hübsch an Hauswänden und Bögen, vor allem aber an einer Säule, da sie in der Regel nicht übermäßig stark wächst und beinahe bis zur Basis mit Blüten besetzt ist. Am besten kommt ihre Anmut in Einzelstellung, ohne Konkurrenz von auffälligeren Nachbarpflanzen, zur Wirkung. Sie verträgt auch nährstoffärmere Böden und leichten Schatten.

• ABSTAMMUNG Vermutlich 'Perle d'Or' x 'William Allen Richardson' oder 'Gloire de Dijon'.

• ZÜCHTER Bide, England, 1923.

HÖHE
2,5 m

BREITE
1,5 m

Rambler

ROSA 'Paul's Himalayan Musk' 🏆

Wuchs Kräftig mit langen, schlanken Trieben. ***Blüten*** Gut gefüllte Rosetten, 4 cm groß; blaß- bis fliederrosa, an langen, dünnen Stengeln in lockeren Rispen. ***Duft*** Zart, lieblich. ***Laub*** Länglich, spitz; hellgrün. ***Blütezeit*** Einmal im Hochsommer.

- HINWEIS Besonders imposant an einer stabilen Pergola oder einem großen Baum.
- ABSTAMMUNG Möglicherweise *R. brunonii x* Moschata-Hybride.
- ZÜCHTER Vermutlich Paul, England, 1916.
- WEITERER NAME 'Paul's Himalayan Rambler'.

☼ ◊ ❄❄❄

HÖHE
10 m

BREITE
10 m

Kletterrose

ROSA 'High Hopes'

Wuchs Stark, aufrecht, überhängend. ***Blüten*** Gefüllt, becherförmig, 8–10 cm groß; zart rosarot. ***Duft*** Lieblich und mäßig stark. ***Laub*** Dicht und glänzend; mittelgrün, bronzefarben überhaucht. ***Blütezeit*** Sommer bis Herbst.

- HINWEIS Ein hübscher Schmuck für Vase und Revers. Eignung für Mauern, Zäune oder Säulen, ausgezeichnet auch für einen Bogen oder eine Pergola.
- ABSTAMMUNG 'Compassion' x 'Sylvia'.
- ZÜCHTER Harkness, England, 1992.
- WEITERER NAME Haryup.

☼ ◊ ❄❄❄

HÖHE
3 m

BREITE
2 m

Kletterrose

ROSA 'Nice Day'

Wuchs Anmutig, aufrecht und schön verzweigt. ***Blüten*** Gefüllt, schalenförmig, 5 cm groß, in pfirsichrosa Büscheln. ***Duft*** Fein und lieblich. ***Laub*** Üppig, glänzend; mittelgrün mit Bronzeton. ***Blütezeit*** Sommer bis Herbst.

- HINWEIS Eignung für niedrige Mauern und zum Kaschieren unansehnlicher Ecken in kleineren Gärten; dekorativ in der Vase oder im Knopfloch.
- ABSTAMMUNG 'Seaspray' x 'Warm Welcome'.
- ZÜCHTER Warner, England, 1994.
- WEITERE NAMEN Chewsea, 'Patio Queen'.

☼ ◊ ❄❄❄

HÖHE
2 m

BREITE
1 m

Kletterrose

ROSA 'Compassion'

Wuchs Robust, buschig, steif verzweigt. ***Blüten*** Gefüllt, kugelig, 10 cm groß, einzeln oder in Büscheln; weiches Lachsrosa mit apricotfarbenem Einschlag. ***Duft*** Voll und lieblich, kräftig. ***Laub*** Dicht, groß und stark glänzend; dunkelgrün. ***Blütezeit*** Von Sommer bis Herbst mehrfach reicher Blütenflor.

- HINWEIS Besonders für Mauern, Zäune und Säulen in kleineren Gärten; auch als Strauch zu erziehen.
- ABSTAMMUNG 'White Cockade' x 'Primaballerina'.
- ZÜCHTER Harkness, England, 1973.
- WEITERER NAME 'Belle de Londres'.

HÖHE 3 m

BREITE 2,5 m

Kletterrose

ROSA 'Händel'

Wuchs Kräftig, starr-aufrecht, verzweigt. ***Blüten*** Gefüllt, becherförmig, 8–10 cm groß; rahmweiß, rosarot gerandet. ***Duft*** Fein und leicht. ***Laub*** Glänzend dunkelgrün mit bronzenem Hauch. ***Blütezeit*** Hochsommer, zum Herbst hin nachlassend.

- HINWEIS Gut für Hauswände und Säulen; durch entsprechenden Schnitt auch als Strauch zu ziehen. Schöne Knopflochrose. Gelegentlich Sternrußtau.
- ABSTAMMUNG 'Columbine' x 'Gruß an Heidelberg'.
- ZÜCHTER McGredy, Nordirland, 1965.
- WEITERER NAME Macha.

HÖHE 3 m

BREITE 2 m

Kletterrose

ROSA 'Mme Grégoire Staechelin'

Wuchs Kräftig, überhängend. ***Blüten*** Gut gefüllt, kugelig bis schalenförmig, 13 cm groß, in großen Büscheln; frisches Rosa mit karminrotem Schimmer. ***Duft*** Wickenartig. ***Früchte*** Groß; rot. ***Laub*** Matt und dunkelgrün. ***Blütezeit*** Frühsommer.

- HINWEIS Schön an einer Pergola und beeindrukkend, waagerecht an einer langen Wand gezogen.
- ABSTAMMUNG 'Frau Karl Druschki' x 'Château de Clos Vougeot'.
- ZÜCHTER Dot, Spanien, 1927.
- WEITERER NAME 'Spanish Beauty'.

HÖHE 6 m

BREITE 4 m

Rambler

ROSA 'Veilchenblau'

Wuchs Stark, überhängend. ***Blüten*** Halbgefüllte Rosetten, 2,5 cm groß, in langgestielten Büscheln; purpurviolett mit weißem Auge und gelben Staubblättern, zu Lilagrau verblassend. ***Duft*** Fruchtig. ***Laub*** Hellgrün glänzend. ***Blütezeit*** Ziemlich früh.

- HINWEIS Verträgt leichten Schatten. Für Mauern, Bögen, Säulen und zum Beranken kleiner Bäume.
- ABSTAMMUNG 'Crimson Rambler' x 'Erinnerung an Brod'.
- ZÜCHTER Schmidt, Deutschland, 1909.
- WEITERE NAMEN 'Blue Rambler', 'Violet Blue'.

HÖHE 4 m

BREITE 2 m

Kletterrose	

ROSA 'Aloha'

Wuchs Kraftvoll, aber eher langsam; Triebe herabhängend. ***Blüten*** Gut gefüllt, tief schalenförmig, 9 cm groß; kupfriges Rosarot, außen dunkler. ***Duft*** Kräftig, süßlich. ***Laub*** Dicht, ledrig; dunkelgrün, bronzen überhaucht. ***Blütezeit*** Sommer bis Herbst.

- HINWEIS Verwendung für Säulen, niedrige Mauern und große Pflanzkübel, aber auch als überhängender Strauch zu ziehen; gut für die Vase geeignet. Optimale Entwicklung bei leichtem Schnitt.
- ABSTAMMUNG 'Mercedes Gallart' x 'New Dawn'.
- ZÜCHTER Boerner, USA, 1949.

HÖHE 2,5 m und mehr

BREITE 2,5 m

Kletterrose	

ROSA 'Leaping Salmon'

Wuchs Steif, reich verzweigt. ***Blüten*** Gefüllt, becherförmig, 12 cm groß, sanftes Lachsrosa; Knospen spitz und gerollt. ***Duft*** Stark, lieblich. ***Laub*** Glänzend dunkelgrün. ***Blütezeit*** Sommer bis Herbst.

- HINWEIS Ausgezeichnete Schnittrose; geeignet für Mauern und Zäune.
- ABSTAMMUNG [('Vesper' x 'Aloha') x ('Paddy McGredy' x 'Maigold')]' x 'Ballerina'.
- ZÜCHTER Pearce, England, 1986.
- WEITERER NAME Peamight.

HÖHE 3 m

BREITE 2 m

Kletterrose	

ROSA 'Lawinia'

Wuchs Starr-aufrecht, strauchig verzweigt. ***Blüten*** Gefüllt, schalenförmig, 12 cm groß, einzeln oder in großen Büscheln; klares Rosarot. ***Duft*** Lieblich. ***Laub*** Üppig; tiefgrün, glänzend. ***Blütezeit*** Fortlaufend von Sommer bis Herbst.

- HINWEIS Ideal für eine warme Hauswand, auch als Strauch zu erziehen.
- ABSTAMMUNG Unbekannt.
- ZÜCHTER Tantau, Deutschland, 1980.
- WEITERER NAME Tanklewi.

HÖHE 3,5 m

BREITE 2,5 m

Kletterrose	

ROSA 'Summer Wine'

Wuchs Aufrecht und steif, verzweigt. ***Blüten*** Halbgefüllt, schalenförmig, 10–12 cm groß, einzeln oder in kleinen Büscheln; korallenrosa, an der Basis gelb, Staubgefäße rotgold. ***Duft*** Dezent. ***Laub*** Groß; matt glänzend, mittelgrün. ***Blütezeit*** Sommer bis Herbst.

- HINWEIS Sehr winterhart, gesund und verläßlich. Schön an einem Zaun, Spalier oder Pfosten, besonders vor einem hellen Hintergrund.
- ABSTAMMUNG 'Coral Dawn' x Sämling.
- ZÜCHTER Kordes, Deutschland, 1985.
- WEITERER NAME Korizont.

HÖHE 3 m

BREITE 2 m

Kletterrose	

ROSA 'Pink Perpétué'

Wuchs Kräftig und starr, verzweigt. ***Blüten*** Gefüllt, schalen- bis rosettenförmig, 8 cm groß, in üppigen Büscheln; reinrosa, zur Basis und außen dunkler. ***Duft*** Leicht. ***Laub*** Voll, ledrig; glänzendgrün. ***Blütezeit*** Wiederholt den ganzen Sommer und Herbst hindurch.

- HINWEIS Beste Entwicklung in freier Lage an einer Mauer, einem Zaun oder einer Säule; auch als Strauch zu erziehen.
- ABSTAMMUNG 'Danse du Feu' x 'New Dawn'.
- ZÜCHTER Gregory, England, 1965.

HÖHE
3 m

BREITE
2,5 m

Kletterrose	

ROSA 'Zéphirine Drouhin'

Wuchs Biegsame, überhängende Triebe, absolut stachellos. ***Blüten*** Gefüllt, schalenförmig, 8 cm groß, in stattlichen, lockeren Büscheln; tief kirsch- bis karminrosa. ***Duft*** Lieblich und voll. ***Laub*** Matt glänzend, mittelgrün. ***Blütezeit*** Den ganzen Sommer und Herbst.

- HINWEIS Die Mehltaugefahr ist an West- oder Nordwänden geringer; in sonnigeren Lagen zur guten Belüftung an ein Spalier, einen Pfosten oder Zaun pflanzen. Auch als Strauch oder Hecke zu erziehen.
- ABSTAMMUNG Unbekannt.
- ZÜCHTER Bizot, Frankreich, 1868.

HÖHE
2,5 m

BREITE
2 m

Kletterrose	

ROSA 'Climbing Mrs Sam McGredy'

Wuchs Kräftig, steif, reich verzweigt. ***Blüten*** Gefüllt, elegant, 12 cm groß; tief lachsrosa mit kupferroten Schattierungen. ***Duft*** Zart und lieblich. ***Laub*** Glänzend dunkelgrün, im Austrieb leicht mahagonifarben. ***Blütezeit*** Wiederholt von Sommer bis Herbst.

- HINWEIS Die wetterfeste Rose bevorzugt fruchtbaren Boden und einen windgeschützten Platz. Schön vor einer Mauer, wo andere Pflanzen den kahlen unteren Bereich verbergen.
- ABSTAMMUNG Sport von 'Mrs Sam McGredy'.
- ZÜCHTER Buisman, Niederlande, 1937.

HÖHE
3 m

BREITE
3 m

Kletterrose

ROSA 'Climbing Orange Meillandina'

Wuchs Aufrecht, überhängend. ***Blüten*** Gut gefüllte Rosetten, 4 cm groß, in dichten, vielblumigen Büscheln; leuchtend orangerot. ***Duft*** Gering. ***Laub*** Reichlich, klein und zugespitzt; glänzend dunkelgrün. ***Blütezeit*** Sommer bis Herbst.

- HINWEIS Ideal bei begrenztem Platzangebot; liebt fruchtbaren Boden und freie Lagen.
- ABSTAMMUNG Sport von 'Orange Meillandina'.
- ZÜCHTER Meilland, Frankreich, 1986.
- WEITERE NAMEN Meijikatarsar, 'Climbing Orange Sunblaze'.

HÖHE
1,5 m

BREITE
70 cm

Kletterrose

ROSA 'Morning Jewel'

Wuchs Kräftig, gut verzweigt. ***Blüten*** Gefüllt, schalenförmig, 9 cm groß, in dicken Büscheln von strahlendem Tiefrosa. ***Duft*** Lieblich, frisch. ***Laub*** Voll, stark glänzend; dunkelgrün. ***Blütezeit*** Im Hochsommer reicher Flor, später nachblühend.

- HINWEIS Widerstandsfähig gegen Krankheiten und Witterungseinflüsse. Geeignet für Mauern, Zäune und Säulen, auch als Strauch zu ziehen.
- ABSTAMMUNG 'New Dawn' x 'Red Dandy'.
- ZÜCHTER Cocker, Schottland, 1968.

HÖHE
3,5 m

BREITE
2,5 m

Rambler

ROSA 'Dorothy Perkins'

Wuchs Stark, mit biegsamen Trieben. ***Blüten*** Gefüllte Rosetten, 4 cm groß; üppige Büschel von mattem Rosarot. ***Duft*** Schwach. ***Laub*** Voll, klein, glänzend; mittel- bis dunkelgrün. ***Blütezeit*** Hochsommer.

- HINWEIS Wegen der Anfälligkeit für Mehltau an einer Säule, einer Pergola oder einem Bogen ziehen. Optimal ist ein feuchter, aber durchlässiger Boden. Auch als Trauerstamm zu kultivieren.
- ABSTAMMUNG *R. wichuraiana x* 'Mme Gabriel Luizet'.
- ZÜCHTER Jackson & Perkins, USA, 1901.

HÖHE
3,5 m

BREITE
3 m

Kletterrose

ROSA 'Ramona'

Wuchs Straff, gesund, locker und reich verzweigt. ***Blüten*** Einfach, flach, 10 cm groß; tief kirschrosa, außen gräulichrosa, auffällige goldgelbe Staubgefäße. ***Duft*** Gering. ***Laub*** Eher spärlich; dunkelgrün glänzend. ***Blütezeit*** Nur Früh- bis Hochsommer.

- HINWEIS Möglichst vor einer warmen, geschützten Wand pflanzen.
- ABSTAMMUNG Sport von 'Anemone' (vermutlich *R. laevigata x* Teerose).
- ZÜCHTER Dietrich and Turner, USA, 1913.
- WEITERER NAME 'Red Cherokee'.

HÖHE
2,5 m

BREITE
3 m

Kletterrose

ROSA 'American Pillar'

Wuchs Robust, überhängend. ***Blüten*** Einfach, 5 cm groß, in attraktiven, vielblumigen Büscheln; karminrosa mit weißem Auge. ***Duft*** Nicht vorhanden. ***Laub*** Fest; glänzend dunkelgrün. ***Blütezeit*** Hochsommer.

• HINWEIS Exzellent für Säulen und Pergolen oder zum Beranken von Bäumen; verträgt auch ärmere Böden und etwas Schatten.

• ABSTAMMUNG (*R. wichuraiana* x *R. setigera*) x rote Remontant-Rose.

• ZÜCHTER Van Fleet, USA, 1902.

HÖHE
4 m

BREITE
3 m

Kletterrose

ROSA 'Rosy Mantle'

Wuchs Kräftig und steif, locker verzweigt. ***Blüten*** Gut gefüllt mit hoher Mitte, 10 cm groß, Knospen schlank und spitz; silbrig dunkelrosa. ***Duft*** Voll und lieblich. ***Laub*** Glänzend tiefgrün. ***Blütezeit*** Fortlaufend den Sommer und Herbst hindurch.

• HINWEIS Gute Schnittrose; Eignung für Wände in kleineren Gärten.

• ABSTAMMUNG 'New Dawn' x 'Primaballerina'.

• ZÜCHTER Cocker, Schottland, 1968.

HÖHE
2,5 m

BREITE
2 m

Rambler

ROSA 'Crimson Shower'

Wuchs Stark mit langen, biegsamen Trieben. ***Blüten*** Gefüllte Rosetten, 3 cm groß, in dichten und sehr imposanten Büscheln von intensivem Karminrot. ***Duft*** Zart honigartig. ***Laub*** Üppig mit kleinen, stark glänzenden Blättchen. ***Blütezeit*** Später Hochsommer bis Herbst.

• HINWEIS Als Zaunbewuchs, ideal für Säulen, sehr schön als Trauerstamm.

• ABSTAMMUNG 'Excelsa'-Sämling.

• ZÜCHTER Norman, England, 1951.

HÖHE
2,5 m

BREITE
2 m

Kletterrose

ROSA 'Sympathie'

Wuchs Stark, schön verzweigt. ***Blüten*** Gut gefüllt, tief schalenförmig, 8–10 cm groß, in lockeren Büscheln; samtig dunkelrot. ***Duft*** Schwach. ***Laub*** Dicht, groß; glänzend dunkelgrün. ***Blütezeit*** In Intervallen von Sommer bis Herbst.

• HINWEIS Sehr winterhart und verläßlich. Zur Anpflanzung an Mauern, Pergolen, Spalieren und Zäunen; schöne Schnittrose.

• ABSTAMMUNG 'Wilhelm Hansmann' x 'Don Juan'.

• ZÜCHTER Kordes, Deutschland, 1964.

HÖHE
3 m
und mehr

BREITE
2,5 m

Kletterrose

ROSA 'Parkdirektor Riggers'

Wuchs Starr und kräftig, schön verzweigt.
Blüten Halbgefüllt, leicht schalenförmig, 6 cm groß, in beachtlichen, vielblumigen Büscheln von dunklem, samtigem Blutrot. ***Duft*** Kaum vorhanden.
Laub Glänzend dunkelgrün. ***Blütezeit*** Wiederholt den ganzen Sommer und Herbst.

• HINWEIS Die gesunde, sehr winterharte Rose ist zu Recht beliebt. Mit ihren leuchtenden Blüten, die sich wirkungsvoll von dem dunkel schimmernden Laub abheben, bildet sie einen schönen Gartenschmuck. Darüber hinaus erweist sie sich in den verschiedensten Gartensituationen als unkompliziert und krankheitsresistent. Sie eignet sich zur Anpflanzung an einer hohen Wand ebenso wie für Zäune, Säulen oder Pergolen. Rosen ähnlicher Herkunft und mit vergleichbaren Merkmalen sind 'Leverkusen' mit rosettenförmigen, rahmgelben Blüten und 'Dortmund', die ungefüllte, blutrote Blüten mit weißer Mitte bildet.

• ABSTAMMUNG *R. x kordesii x* 'Our Princess'.

• ZÜCHTER Kordes, Deutschland, 1957.

HÖHE
3,5 m

BREITE
2,5 m

Rambler

ROSA 'Excelsa'

Wuchs Weich und biegsam. ***Blüten*** Gefüllte Rosetten, 4 cm groß; üppige, dichte Büschel in hellem Karmin. ***Duft*** Gering. ***Laub*** Voll, klein, glänzend; leuchtendgrün. ***Blütezeit*** Hochsommer.

- HINWEIS Anfällig für Mehltau; verträgt kärgere Böden und leichten Schatten. Zum Beranken von Pergolen und Bäumen, aber auch für eine sonnige Böschung; ebenso als Trauerstamm zu ziehen.
- ABSTAMMUNG Unbekannt.
- ZÜCHTER Walsh, USA, 1909.
- WEITERER NAME 'Red Dorothy Perkins'.

HÖHE 3,5 m

BREITE 3 m

Kletterrose

ROSA 'Altissimo'

Wuchs Steif, robust. ***Blüten*** Einfach, flach, 12 cm groß, mit hübsch gerundeten Petalen; einzeln oder in Büscheln von sattem, haltbarem Leuchtendrot, goldgelbe Staubgefäße. ***Duft*** Schwach. ***Laub*** Groß; tief mattgrün. ***Blütezeit*** Mehrfach ab Frühsommer.

- HINWEIS Bei kräftigem Schnitt als Strauch zu erziehen. Möglichst in freier Lage, auch an einer Säule oder Mauer, pflanzen; harmoniert jedoch nicht mit jedem Ziegelton.
- ABSTAMMUNG 'Ténor'-Sämling.
- ZÜCHTER Delbard-Chabert, Frankreich, 1966.

HÖHE 3–4 m

BREITE 2,5 m

Kletterrose

ROSA 'Dortmund'

Wuchs Kräftig, aufrecht. ***Blüten*** Einfach, flach, bis zu 10 cm groß, leuchtendrot mit weißem Auge; lange, schlanke Knospen in dichten, attraktiven Büscheln. ***Duft*** Schwach. ***Laub*** Gesund, glänzend; dunkelgrün. ***Blütezeit*** Wiederholt von Sommer bis Herbst, bei regelmäßigem Entfernen welker Blüten reicher Flor.

- HINWEIS Gedeiht auch auf ärmerem Boden. Eignung für Säulen, Wände oder als Hecke; auch als Strauch zu empfehlen.
- ABSTAMMUNG Sämling x *R. x kordesii.*
- ZÜCHTER Kordes, Deutschland, 1955.

HÖHE 3 m

BREITE 2 m

Kletterrose

ROSA 'Danse du Feu'

Wuchs Gesund, steif verzweigt. ***Blüten*** Gefüllt, kugelig, 8 cm groß, in vielblumigen Büscheln von leuchtendem Scharlachrot, das im Lauf der Zeit nachdunkelt. ***Duft*** Kaum vorhanden. ***Laub*** Voll, glänzend dunkelgrün. ***Blütezeit*** Sommer bis Herbst.

- HINWEIS Gedeiht in feuchtem, aber gut dräniertem Boden; unkompliziert, allerdings mehltaugefährdet. Für Mauern, Zäune und Säulen.
- ABSTAMMUNG 'Paul's Scarlet Climber' x *R. multiflora.*
- ZÜCHTER Mallerin, Frankreich, 1953.
- WEITERER NAME 'Spectacular'.

HÖHE 2,5 m

BREITE 2,5 m

Kletterrose

ROSA 'Dublin Bay'

Wuchs Dicht, strauchig, reichblühend. ***Blüten*** Gefüllt, schalenförmig, 10 cm groß, in Büscheln von intensiv leuchtendem Blutrot. ***Duft*** Schwach. ***Laub*** Üppig, groß, stark glänzend; mittelgrün. ***Blütezeit*** Öfters den Sommer und Herbst hindurch.

- HINWEIS Ideal zur Bekleidung von Säulen, aber auch als Strauch oder Naturhecke zu ziehen. Gute Eignung für kleinere Gärten.
- ABSTAMMUNG 'Bantry Bay' x 'Altissimo'.
- ZÜCHTER McGredy, Neuseeland, 1976.

HÖHE
2 m

BREITE
2 m

Großblumige Kletterrose

ROSA 'Climbing Ena Harkness'

Wuchs Kräftig, starr, verzweigt. ***Blüten*** Gut gefüllt, becherförmig, nickend; samtig karminscharlach. ***Duft*** Üppig, süß. ***Laub*** Matt glänzendes Mittelgrün. ***Blütezeit*** Wiederholt von Sommer bis Herbst.

- HINWEIS Für eine Wand oder Pergola mit Süd- oder Westausrichtung; möglichst an einem warmen, sonnigen, geschützten Platz in fruchtbarem und feuchtem, aber gut dräniertem Boden pflanzen.
- ABSTAMMUNG Sport von 'Ena Harkness'.
- ZÜCHTER R. Murrell/Gurteen and Ritson, Großbritannien, 1954.

HÖHE
4,5 m

BREITE
2,5 m

Kletterrose

ROSA 'Guinée'

Wuchs Steif, kräftig, verzweigt. ***Blüten*** Gut gefüllt, schalenförmig, einzeln oder in kleinen Büscheln; bogig gerandete Petalen in samtigem Schwärzlichrot, goldgelbe Staubblätter. ***Duft*** Intensiv, voll und süßlich. ***Laub*** Ledrig, dunkelgrün. ***Blütezeit*** Sommer, mitunter schwächere Nachblüte im Herbst.

- HINWEIS Optimal ist eine Mauer oder ein Zaun nach Süden oder Westen.
- ABSTAMMUNG 'Souvenir de Claudius Denoyel' x 'Ami Quinard'.
- ZÜCHTER Mallerin, Frankreich, 1938.

HÖHE
Bis 5 m

BREITE
2,5 m

Kletterrose

ROSA 'Climbing Etoile de Hollande'

Wuchs Steif, reich verzweigt, ziemlich licht. ***Blüten*** Gefüllt, tief schalenförmig, 12 cm groß; üppiger Flor von sattem, samtigem Rot. ***Duft*** Wunderbar voll, schwer und durchdringend. ***Laub*** Reichlich; matt tiefgrün. ***Blütezeit*** Sommer bis Herbst.

- HINWEIS Optimal sind eine große, warme Wand oder ein besonnter Zaun und fruchtbarer, feuchter, aber gut dränierter Boden.
- ABSTAMMUNG Sport von 'Etoile de Hollande'.
- ZÜCHTER Leenders, Niederlande, 1931.

HÖHE
6 m

BREITE
5 m

Kletterrose	

ROSA 'Paul's Scarlet Climber'

Wuchs Aufrecht und stark, überhängend; aus der Basis sprießen zahlreiche Triebe. ***Blüten*** Halbgefüllt, schalenförmig, in vielblumigen, hängenden Büscheln; leuchtend scharlachrot. ***Duft*** Gering. ***Laub*** Üppig; matt dunkelgrün. ***Blütezeit*** Hochsommer.

- HINWEIS Winterhart, verläßlich und reichblühend. Eignung für Säulen, Pergolen, Zäune oder Wände. Verträgt ärmere Böden und etwas Schatten; bei Trockenheit leicht Mehltaubefall.
- ABSTAMMUNG Sämling von 'Paul's Carmine Pillar'.
- ZÜCHTER Paul, England, 1916.

HÖHE
3 m

BREITE
3 m

Großblumige Kletterrose	

ROSA 'Paul's Lemon Pillar'

Wuchs Steif-aufrecht, verzweigt. ***Blüten*** Gefüllt, groß, schlank bis kugelig, 15 cm groß, nickend, Knospen gerollt; zitronig rahmweiß, an der Basis grün überhaucht. ***Duft*** Erfrischend und lieblich. ***Laub*** Eher licht, aber groß; mittelgrün. ***Blütezeit*** Einmal im Hochsommer.

- HINWEIS Wetterbeständig, bevorzugt jedoch eine warme, geschützte Wand. Aufgrund der starren, verzweigten Triebe für Säulen nicht zu empfehlen.
- ABSTAMMUNG 'Frau Karl Druschki' x 'Maréchal Niel'.
- ZÜCHTER Paul, England, 1915.

HÖHE
5 m
und mehr

BREITE
3 m

Rambler	

ROSA 'Seagull'

Wuchs Kräftig, überhängend. ***Blüten*** Einfach bis halbgefüllt, 4 cm groß, in üppigen Büscheln; weiß mit leuchtendgelben Staubgefäßen. ***Duft*** Stark, lieblich. ***Laub*** Dicht; länglich zugespitzte, hell graugrüne Blättchen. ***Blütezeit*** Sommer.

- HINWEIS Exzellent an Pergolen oder stabilen Spalieren. Im Aussehen ähnlich wie 'Kiftsgate', aber nicht so starkwüchsig und für kleinere Bäume geeignet.
- ABSTAMMUNG Angeblich *R. multiflora* x 'Général Jacqueminot'.
- ZÜCHTER Pritchard, USA, 1907.

HÖHE
6 m

BREITE
3,5 m

Kletterrose

ROSA 'Mermaid' 🏆

Wuchs Langsam und kräftig, steif verzweigt. ***Blüten*** Einfach, flach, 12 cm groß, in Büscheln; leicht gewellte Petalen in seidig schimmerndem Zartgelb mit einem dichten Kranz bernsteingelber Staubblätter. ***Duft*** Zart, lieblich. ***Laub*** Halbimmergrün; glänzend, dunkelgrün. ***Blütezeit*** Hochsommer bis Herbst.
• HINWEIS Liebt eine geschützte, sonnige Lage; langsame Eingewöhnung. Keinesfalls schneiden.
• ABSTAMMUNG *R. bracteata x* gefüllte gelbe Teerose, möglicherweise 'Mme de Tartas'.
• ZÜCHTER Paul, England, 1918.

HÖHE
6 m

BREITE
6 m

Kletterrose

ROSA 'Alister Stella Gray'

Wuchs Kräftig, aufrecht, überhängend. ***Blüten*** Gut gefüllt, geviertelt, 6 cm groß, in Büscheln; dotterfarbene Knospen öffnen sich zu seidig gelben, zur Basis hin ins Orange spielenden Blüten, die zu Rahmweiß verblassen. ***Duft*** Intensiv, nach Tee. ***Laub*** Dicht; dunkel glänzend. ***Blütezeit*** Sommer.
• HINWEIS Für Wände, Pergolen und Säulen oder zum Beranken von Bäumen in geschützter Lage.
• ABSTAMMUNG Möglicherweise Noisette- x Teerose.
• ZÜCHTER Gray, England, 1894.
• WEITERER NAME 'Golden Rambler'.

HÖHE
4,5 m

BREITE
3 m

Büschelblütige Kletterrose

ROSA 'Emily Gray'

Wuchs Überhängend mit biegsamen, spärlich bestachelten Trieben. ***Blüten*** Halbgefüllt, leicht schalenförmig, 8 cm groß; kleine Büschel, bräunlichgelb. ***Duft*** Zart, lieblich. ***Laub*** Halbimmergrün, üppig; stark glänzend tiefgrün. ***Blütezeit*** Hochsommer.
• HINWEIS Für Pergolen geeignet, ideal aber sind Zäune oder Wände in geschützter und freier Lage. Kann in kalten Wintern abfrieren; mehltaugefährdet.
• ABSTAMMUNG 'Jersey Beauty' x 'Comtesse du Cayla'.
• ZÜCHTER Williams, England, 1918.

HÖHE
4,5 m

BREITE
3 m

Kletterrose

ROSA 'Céline Forestier'

Wuchs Buschig-aufrecht. ***Blüten*** Gut gefüllt, kugelig und wohlgeformt, 12 cm groß, geviertelt mit Knopfauge; in Büscheln von jeweils wenigen blaßgelben Blüten. ***Duft*** Stark-würzig, an Teerosen erinnernd. ***Laub*** Üppig; hellgrün. ***Blütezeit*** Fortlaufend von Frühjahr bis Herbst.
• HINWEIS Langsame Eingewöhnung; etwas empfindlich, liebt warme, sonnige, geschützte Wände. Auch in Gefäßen oder unter Glas zu ziehen.
• ABSTAMMUNG Unbekannt.
• ZÜCHTER Trouillard, Frankreich, 1842.

HÖHE
2,5 m
und mehr

BREITE
1,5 m

Rambler

ROSA 'Wedding Day'

Wuchs Äußerst kräftig, überhängend und stark emporklimmend. ***Blüten*** Einfach, flach, 2,5 cm groß, in zahlreichen, vielblumigen Büscheln; locker angeordnete, keilförmige, rahmweiße Petalen, die sich später mit einem Hauch von Rosa überziehen. ***Duft*** Lieblich, fruchtig. ***Früchte*** Klein und eiförmig; gelb. ***Laub*** Glänzend, leuchtendgrün. ***Blütezeit*** Hoch- bis Spätsommer.

• HINWEIS Vor allem in naturnahen oder Waldgärten bietet diese Rose einen herrlichen Anblick, wenn sie unansehnliche Gebäude oder alte Bäume überwächst. Dabei sollte die Pflanzstelle möglichst auf der sonnigen Seite liegen und mit abgelagertem Stallmist oder Gartenkompost angereichert werden. Herrlich duftende Sorte, die allerdings bei Regen oft Flecken auf den Blütenblättern bildet.

• ABSTAMMUNG Sämling von *R. sinowilsonii*.

• ZÜCHTER Stern, England, 1950.

HÖHE
8 m

BREITE
4 m

Kletterrose

ROSA 'Casino'

Wuchs Kräftig, steif. ***Blüten*** Gefüllt, kugelig, 10 cm groß, sanft gelb; schlanke, spitze Knospen öffnen sich zu flachen, oft geviertelten Rosetten, die einzeln oder in Büscheln stehen. ***Duft*** Leicht und lieblich. ***Laub*** Glänzend hellgrün. ***Blütezeit*** Öfters während des ganzen Sommers.

- HINWEIS An Mauern, Zäunen und Säulen zu ziehen, bei rigorosem Schnitt auch als Strauch.
- ABSTAMMUNG 'Coral Dawn' x 'Buccaneer'.
- ZÜCHTER McGredy, Nordirland, 1963.
- WEITERE NAMEN Macca, 'Gerbe d'Or'.

HÖHE
3 m

BREITE
2 m

Kletterrose

ROSA 'Dreaming Spires'

Wuchs Straff-aufrecht, schön verzweigt. ***Blüten*** Gefüllt, kugelig, 12 cm groß, einzeln und in kleinen Büscheln; gelb mit einem Hauch Orange. ***Duft*** Lieblich und frisch. ***Laub*** Voll; dunkel bläulichgrün. ***Blütezeit*** Sommer bis Herbst.

- HINWEIS Gedeiht gut an warmen Wänden, Zäunen oder Säulen in sonniger Lage; vor einem dunklen Hintergrund besonders attraktiv.
- ABSTAMMUNG 'Buccaneer' x 'Arthur Bell'.
- ZÜCHTER Mattock, England, 1973.

HÖHE
3 m

BREITE
2 m

Kletterrose

ROSA 'Laura Ford'

Wuchs Aufrecht, gut verzweigt. ***Blüten*** Halbgefüllt, schalenförmig, 5 cm groß, in dichten, hellgelben Büscheln mit einer Spur Rosa. ***Duft*** Leicht lieblich. ***Laub*** Üppig, klein; glänzend tiefgrün. ***Blütezeit*** Sommer bis Herbst.

- HINWEIS Zu empfehlen für niedrige Mauern, Zäune oder Säulen, ideal für kleinere Gärten.
- ABSTAMMUNG 'Anna Ford' x ['Elizabeth of Glamis' x ('Galway Bay' x 'Sutter's Gold')].
- ZÜCHTER Warner, England, 1990.
- WEITERER NAME Chewarvel.

HÖHE
2 m

BREITE
1 m

Kletterrose

ROSA 'Golden Showers'

Wuchs Steif, aufrecht, verzweigt. ***Blüten*** Locker gefüllt, kugelig, geöffnet fast flach, 10 cm groß, gekräuselte Petalen; goldgelbe, rahmgelb verblassende Büschel. ***Duft*** Zart, lieblich. ***Laub*** Dunkelgrün, glänzend. ***Blütezeit*** Beständig von Sommer bis Herbst.

- HINWEIS Gut an Mauern oder Säulen, bei kräftigem Schnitt auch als Strauch. Verträgt kärgere Böden und etwas Schatten; als Kletterrose kaum schneiden.
- ABSTAMMUNG 'Charlotte Armstrong' x 'Capt. Thomas'.
- ZÜCHTER Lammerts, USA, 1957.

HÖHE
Bis 3 m

BREITE
2 m

Kletterrose

ROSA 'Maigold'

Wuchs Kräftig, steif, leicht überhängend. ***Blüten*** Halbgefüllt, schalenförmig, 10 cm groß, in kupfrig goldgelben Büscheln. ***Duft*** Lieblich und stark. ***Laub*** Üppig, ledrig, glänzend; saftig grün. ***Blütezeit*** Frühsommer mit wiederholter späterer Nachblüte.

• HINWEIS Diese Rose kommt mit verschiedensten Böden und Umgebungsbedingungen zurecht, auch mit weniger nährstoffreicher Erde und leichtem Schatten. Sie ist wie geschaffen für Hauswände und Pergolen, kann aber auch als Strauch gezogen werden. Von den Elternsorten hat sie große Robustheit, Winterhärte und Widerstandsfähigkeit gegen Krankheiten geerbt und ist somit eine der besten Rosen für ungeschützte Lagen. 'Maigold' wird wegen ihrer enormen Blühwilligkeit geschätzt. Sie schmückt sich mit einem reichen Flor und ist dabei oft eine der frühesten Sorten.

• ABSTAMMUNG 'Poulsens Pink' x 'Frühlingstag'.

• ZÜCHTER Kordes, Deutschland, 1953.

HÖHE
2,5 m

BREITE
2,5 m

Kletterrose

ROSA 'Easlea's Golden Rambler'

Wuchs Kräftig, überhängend. ***Blüten*** Gut, aber locker gefüllt, kugelig, 12 cm groß; kleine, langgestielte, apricotgelbe Büschel mit roten Sprenkeln. ***Duft*** Lieblich. ***Laub*** Ledrig; dunkelgrün. ***Blütezeit*** Hochsommer.

- HINWEIS Geeignet für Pergolen, schön als Schnittblume. Verträgt auch kärgere Böden und leichten Schatten.
- ABSTAMMUNG Unbekannt.
- ZÜCHTER Easlea, England, 1932.

HÖHE
6 m

BREITE
4,5 m

Kletterrose

ROSA BANKSIAE 'Lutea'

Wuchs Anmutig überhängend, dabei starkwüchsig, meist nahezu stachellos. ***Blüten*** Gut gefüllte Rosetten, 2 cm groß, in herabhängenden, klar hellgelben Büscheln. ***Duft*** Schwach. ***Laub*** Glatt, Blättchen klein, eilanzettlich; hellgrün. ***Blütezeit*** Spätes Frühjahr oder Frühsommer mit reichem Flor.

- HINWEIS Obwohl die kalteunempfindlichste aller Banks-Rosen, verlangt sie einen frostfreien Standort, dazu Raum zur Entfaltung. Minimaler Schnitt; die Blüten erscheinen am zwei- und dreijährigen Holz.
- HERKUNFT China, 1824 nach Europa eingeführt.

HÖHE
Bis 10 m

BREITE
Bis 10 m

Kletterrose

ROSA 'Good as Gold'

Wuchs Dicht, steif, verzweigt. ***Blüten*** Gefüllt, becherförmig, 5–8 cm groß; üppige goldgelbe Büschel. ***Duft*** Lieblich und frisch. ***Laub*** Klein, schmal; glänzend dunkelgrün. ***Blütezeit*** Sommer und Herbst mit hervorragender Kontinuität.

- HINWEIS Gute Schnittrose. Eignung für niedrige Wände, Zäune oder Säulen; ideal für kleinere Gärten.
- ABSTAMMUNG 'Anne Harkness' x 'Laura Ford'.
- ZÜCHTER Warner, England, 1995.
- WEITERER NAME Chewsunbeam.

HÖHE
2 m

BREITE
1,5 m

Kletterrose

ROSA 'Climbing Lady Hillingdon'

Wuchs Starr, reich verzweigt. ***Blüten*** Halbgefüllt, schalenförmig, nickend, bis zu 15 cm groß; in lockeren, zart apricotgelben Büscheln. ***Duft*** Voll, fruchtig, nach Tee. ***Laub*** Glänzend; dunkel gräulichgrün, im Austrieb mahagonifarben und purpurn überhaucht. ***Blütezeit*** Mehrfach von Sommer bis Herbst.

- HINWEIS Guter Schnittblumenlieferant mit Vorliebe für einen warmen, geschützten Standort.
- ABSTAMMUNG Sport der Buschform 'Lady Hillingdon'.
- ZÜCHTER Hicks, England, 1917.

HÖHE
4,5 m

BREITE
2,5 m

Kletterrose

ROSA 'Night Light'

Wuchs Steif, schön verzweigt. ***Blüten*** Gefüllt, zugespitzt mit rundlicher Kontur, 12 cm groß; sattgelb, später ins Orange spielend, Knospen schlank und rot überhaucht. ***Duft*** Zart und lieblich. ***Laub*** Üppig; tiefgrün glänzend. ***Blütezeit*** Sommer bis Herbst.

- HINWEIS Geeignet für Wände, Zäune und Säulen.
- ABSTAMMUNG 'Westerland' x 'Pastorale'.
- ZÜCHTER Poulsen, Dänemark, 1982.
- WEITERE NAMEN Poullight, 'Night Life'.

HÖHE
2,5 m

BREITE
2 m

Kletterrose

ROSA 'Della Balfour'

Wuchs Kräftig, starr aufrecht. ***Blüten*** Gefüllt mit hoher Mitte, 10 cm groß, einzeln oder in Büscheln; orange mit lachsrosa Schimmer. ***Duft*** Frisch, zitronenartig. ***Laub*** Dicht, ledrig; dunkelgrün. ***Blütezeit*** Sommer bis Herbst.

- HINWEIS Ideal für Wände, Zäune und Säulen.
- ABSTAMMUNG 'Rosemary Harkness' x 'Elina'.
- ZÜCHTER Harkness, England, 1994.
- WEITERER NAME Harblend.

HÖHE
2,5 m

BREITE
2 m

Kletterrose

ROSA 'Gloire de Dijon'

Wuchs Kräftig, steif verzweigt. ***Blüten*** Gut gefüllt, geviertelt, 10 cm groß; hell orangegelb, bernsteinfarben beziehungsweise – vor allem bei warmem Wetter – rosa überhaucht. ***Duft*** Lieblich und intensiv. ***Laub*** Matt glänzend, mittel- bis hellgrün, im Austrieb rötlich schattiert. ***Blütezeit*** Öfters von Frühsommer bis Herbst.

- HINWEIS Vorzüglich für eine warme, sonnige Wand.
- ABSTAMMUNG Unbekannte Teerose x 'Souvenir de la Malmaison'.
- ZÜCHTER Jacotot, Frankreich, 1853.

HÖHE
4,5 m

BREITE
4 m

Büschelblütige Kletter-/Strauchrose

ROSA 'City Girl'

Wuchs Gesund, reich verzweigt. ***Blüten*** Halbgefüllt, schalenförmig, 11 cm groß, in üppigen, attraktiven, lachsrosa Büscheln; Knospen schlank und spitz. ***Duft*** Frisch und würzig. ***Laub*** Reichlich; glänzend dunkelgrün. ***Blütezeit*** Verschwenderisch von Sommer bis Herbst.

- HINWEIS Exzellent für Wände, Zäune und Pergolen geeignet. In Einzelstellung und ohne Schnitt entwickelt sich die Rose zu einem stattlichen Strauch.

Ihre attraktiven Büschel wohlgeformter Blüten verströmen einen wundervollen Duft, der besonders schön wahrzunehmen ist, wenn man ihr einen Platz in der Nähe der Haustür, eines Fensters oder einer Terrasse zuweist.

- ABSTAMMUNG 'Compassion' x 'Armada'.
- ZÜCHTER Harkness, England, 1994.
- WEITERER NAME Harzorba.

HÖHE
2,5 m

BREITE
2,5 m

Kletterrose

ROSA 'Schoolgirl'

Wuchs Steif, aufrecht, etwas staksig. ***Blüten*** Gut gefüllt, becherförmig bis kugelig, 10 cm groß; warmes, kupfriges Apricot. ***Duft*** Voll und lieblich. ***Laub*** Eher licht, groß; dunkelgrün. ***Blütezeit*** Sommer bis Herbst.

- HINWEIS Schön für Wände und Spaliere, möglichst in sonniger, geschützter Lage.
- ABSTAMMUNG 'Coral Dawn' x 'Belle Blonde'.
- ZÜCHTER McGredy, Nordirland, 1964.

HÖHE
2,5 m

BREITE
2 m

Kletterrose

ROSA 'Meg'

Wuchs Kräftig und steif. ***Blüten*** Halbgefüllt, 12 cm groß, in kleinen Büscheln; gewellte, lachs-aprikosenfarbige Blütenblätter umstehen dunkel goldgelbe Staubgefäße. ***Duft*** Üppig, lieblich. ***Laub*** Dicht, groß; dunkelgrün. ***Blütezeit*** Sommer bis Herbst.

- HINWEIS Verwendung für Mauern, hohe Zäune oder Pergolen; auch schön, wenn sie in robuste Sträucher oder Hecken hineinwächst.
- ABSTAMMUNG Vermutlich 'Paul's Lemon Pillar' x 'Madame Butterfly'.
- ZÜCHTER Gosset, England, 1954.

HÖHE
3,5 m

BREITE
3,5 m

Kletterrose

ROSA 'Breath of Life'

Wuchs Steif-aufrecht. ***Blüten*** Gut gefüllt, kugelig, 10 cm groß, in Apricot, das allmählich in Rosa übergeht. ***Duft*** Lieblich und frisch. ***Laub*** Matt glänzend, mittelgrün. ***Blütezeit*** Sommer bis Herbst.

- HINWEIS An Wänden, Zäunen oder Säulen zu ziehen, bei kräftigem Schnitt auch als Strauch; schöne Schnittrose.
- ABSTAMMUNG 'Red Dandy' x 'Alexander'.
- ZÜCHTER Harkness, England, 1982.
- WEITERER NAME Harquanne.

HÖHE
3 m

BREITE
2,5 m

Kletterrose

ROSA 'Warm Welcome'

Wuchs Aufrecht, überhängend, vielfach verzweigt. ***Blüten*** Halbgefüllt, schalenförmig, 5 cm groß; orange-zinnoberrote Büschel, Petalen am Ansatz goldgelb. ***Duft*** Schwach. ***Laub*** Dicht; dunkelgrün. ***Blütezeit*** Sommer bis Herbst mit guter Beständigkeit.

- HINWEIS Wetterfest und gesund. Eignung für Wände, Zäune oder Säulen, vor allem bei knappem Raum.
- ABSTAMMUNG ['Elizabeth of Glamis' x ('Galway Bay' x 'Sutter's Gold')] x 'Anna Ford'.
- ZÜCHTER Warner, England, 1991.
- WEITERER NAME Chewizz.

HÖHE
2 m

BREITE
2 m

DIE ROSENKULTUR

So vielgestaltig sich die Rosen auch präsentieren, sind sie doch generell nicht schwierig zu ziehen, sofern man ihre Grundbedürfnisse beachtet. Sie sind zumeist langlebig und machen bei richtiger Abstimmung von Sorte und Standort sowie sachgemäßer Bodenpflege viele Jahre Freude.

Rosen bekommt man wurzelnackt oder in Kunststofftöpfen gezogen, als sogenannte Containerrosen. In jedem Fall sollten sie mindestens zwei kräftige Triebe und gesunde Wurzeln im richtigen Verhältnis zum oberirdischen Wuchs aufweisen. Containerrosen müssen gleichmäßig belaubt sein und dürfen kein Krankheitssymptom oder einen Schädlingsbefall aufweisen. Bei Stammrosen ist auf eine ausgewogene Krone und einen weitgehend geraden, ebenmäßigen Stamm zu achten.

Wurzelnackte Rosen befinden sich in der Vegetationsruhe. Ihre in Torf gepackten oder völlig erdfreien Wurzeln müssen ein ausgeprägtes, feinfaseriges Netz bilden; zwischen Wurzeln und Sproß sollte eine kräftige Verbindung bestehen. Meiden Sie Pflanzen mit Anzeichen von Wurzelaustrocknung oder bereits austreibenden Augen. Sie wurden eventuell zu warm und trocken gelagert und gewöhnen sich selten gut ein.

Inspizieren Sie auch bei Containerrosen eingehend die Wurzeln. Sind sie nicht fest eingewachsen, könnte es sich um eine im nachhinein eingetopfte, ursprünglich wurzelnackte Pflanze handeln, deren Wurzeln während der Vegetationsruhe allen Klimaeinflüssen ungeschützt ausgesetzt waren.

Das Wurzelwerk sollte gesund und gut verzweigt sein und den Topf nahezu ausfüllen. Spiralförmig gewundene, stark verschlungene oder im Topf festsitzende Wurzeln könnten auf Nährstoffmangel oder andere Schädigungen durch zu langen Aufenthalt in einem ungeeigneten Behälter hindeuten.

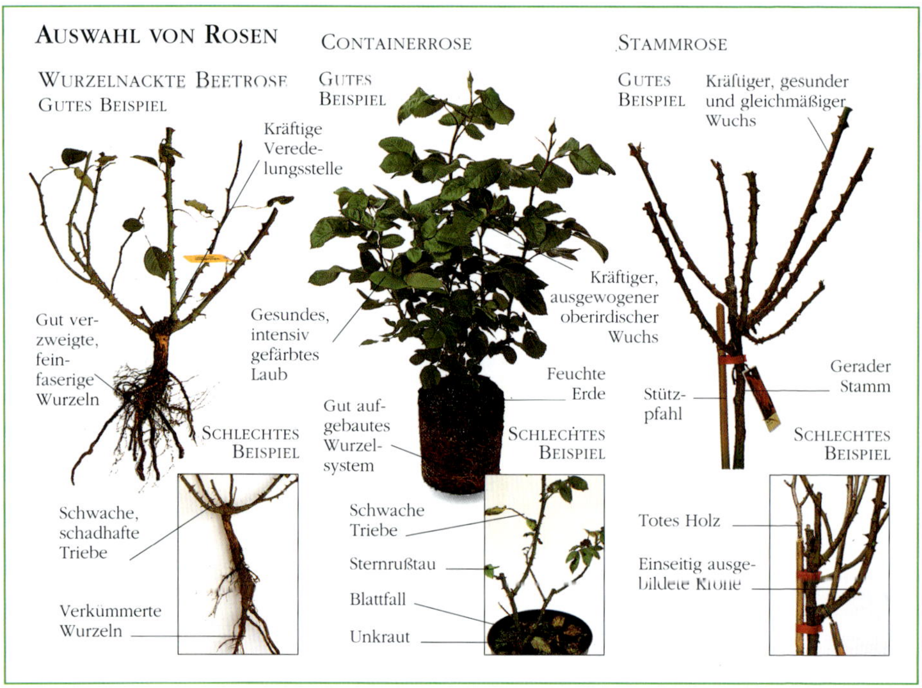

Bodenvorbereitung und Pflanzung

Fast alle Rosen gedeihen am besten an einem vollsonnigen, luftigen Platz, der geschützt ist vor starkem, kaltem Wind. Die meisten bevorzugen einen fruchtbaren, feuchten, aber gut dränierten Boden mit einem leicht sauren Milieu, d. h. mit einem pH-Wert von etwa 6,5. Mit einem alkalischen Boden kommen Alte Rosen am besten zurecht, sofern er tief umgegraben und mit reichlich organischem Material aufgebessert ist. Gut verrotteter Kompost steigert bei den meisten Böden die Durchlässigkeit, Durchlüftung und Feuchtigkeitsspeicherung. Staunässe läßt sich durch Anlegen einer Dränage mindern. Wenn sich bei einer Bodenuntersuchung eine Übersäuerung herausstellt, kann man vorsichtig aufkalken. Bei einer stark alkalischen Bodenreaktion empfiehlt es sich, gut verrotteten Kompost einzuarbeiten. Die

Pflanzen wurzelnackter Beetrosen

1 Entfernen Sie totes oder schadhaftes Holz sowie sich kreuzende oder dünne Triebe am Ansatz. Es soll ein ausgewogenes Gerüst von 3–5 Trieben bleiben. Dicke Wurzeln werden um etwa ein Drittel eingekürzt.

2 Graben Sie das Pflanzloch in gut vorbereitetem Boden. Arbeiten Sie einen halben Eimer Gartenkompost ein, gemischt mit einer Handvoll Knochenmehl oder einem ausgewogenen Langzeitdünger.

3 Stellen Sie die Rose hinein, und breiten Sie die Wurzeln gleichmäßig aus. Prüfen Sie anhand eines Stocks, den Sie über das Loch legen, die Tiefe: Die Veredelungsstelle soll etwa 2,5 cm unter der Erde liegen.

4 Füllen Sie den Aushub wieder ein. Dabei die Rose leicht rütteln, so daß sich die Erde gut verteilt. Drücken bzw. treten Sie das Erdreich an. Zuletzt wird die Pflanzstelle gerecht und die Rose angegossen.

Bodenverbesserung und -lockerung sollte etwa drei Monate, mindestens aber einige Wochen vor dem Pflanzen erfolgen, damit sich der Boden noch ausreichend setzen kann.

Neue Rosen gedeihen mitunter nicht an früheren Rosenstandorten. Sie leiden unter der sogenannten Bodenmüdigkeit, einem Phänomen, das bei verschiedenen Pflanzenarten auftritt. Verursacht wird es durch eine Kombination aus Bodenälchen (Nematoden), Viren und Pilzen, die die Wurzeln schwächen. Am besten pflanzt man neue Rosen dort, wo zumindest mehrere Jahre lang keine Rosenkultur stand.

Um nur ein, zwei Rosen in einem etablierten Beet zu ersetzen, gräbt man ein quadratisches, 60 cm großes Loch von 45 cm Tiefe und tauscht den Boden gegen neue Erde aus, die man von einem anderen Gartenteil holt. Der Handel bietet heute auch einige chemische Produkte zur Bodensterilisierung, deren Einsatz man jedoch in der Regel einem Fachmann überlassen sollte.

Pflanzzeit

Wurzelnackte Rosen werden in der Ruheperiode, das heißt im Spätherbst oder frühen Winter bzw. im zeitigen Frühjahr möglichst bald nach dem Kauf, gepflanzt. Kommt es zum Beispiel durch ungeeignete Boden- oder Witterungsverhältnisse zu Verzögerungen, schlägt man die Pflanzen einstweilen in einem flachen Graben ein – die Veredelungsstelle unbedingt 10 cm hoch mit Erde bedecken – oder lagert sie an einem kühlen, frostfreien Ort und hält dabei die Wurzeln feucht.

Containerrosen können jederzeit gesetzt werden, sofern der Boden nicht gefroren bzw. zu feucht oder zu trocken ist. Müssen sie bei größerer Kälte im Freien gelagert werden, packt man die Pflanzgefäße zum Schutz der Wurzeln gut ein.

Pflanzabstand und -tiefe

Wuchs und Größe einer Rose bestimmen den geeigneten Pflanzabstand. Zu enge Zwischenräume erschweren die regelmäßigen Pflegemaßnahmen wie Mulchen, Sprühen und Schneiden und behindern überdies die Luftzirkulation, was der Ausbreitung von Sternrußtau und Mehltau Vorschub leistet. Rosen mit schmalem, aufrechtem Wuchs brauchen naturgemäß weniger Platz als solche mit weichen, ausladend überhängenden Trieben.

Bei Beetrosen beträgt der Pflanzabstand 45–60 cm und der Abstand zum Beetrand mindestens 30 cm. Größere und eher breitwüchsige Sorten brauchen, je nach ihrer endgültigen Größe, Zwischenräume von 75–120 cm, Zwergrosen dagegen kommen mit etwa 30 cm aus. Für Hecken pflanzt man Rosen in einer Linie oder versetzt in einer Doppelreihe, wie unten abgebildet. Bei veredelten Rosen sollte die Okulationsstelle etwa 2,5 cm unter der Erde liegen. Wurzelechte Rosen und Wildrosen pflanzt man genauso tief, wie sie zuvor in den Topf oder Boden eingelassen waren.

Pflanzabstände bei Rosenhecken

Starkwüchsige Rosen

Pflanzen Sie hohe, dicht und ausbreitend wachsende Rosen in einer Reihe mit Abständen von 1–1,2 m. Die heranwachsenden Rosen bilden mit ihren sich kreuzenden Trieben einen wirksamen Sichtschutz.

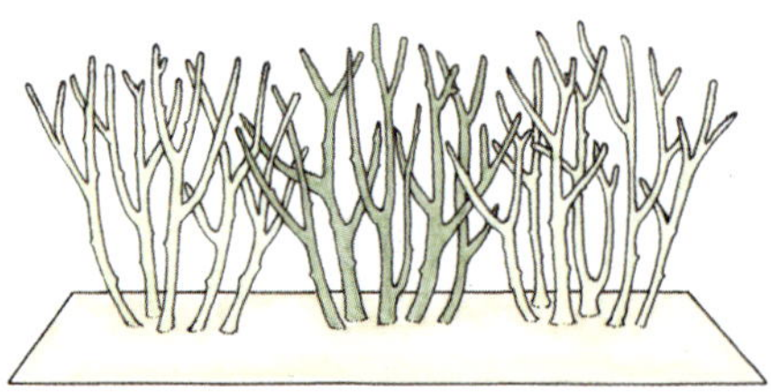

Moderne Beetrosen

Niedrigere, eher aufrechte Rosen pflanzt man versetzt in zwei Reihen. Der Abstand zwischen den Reihen wie auch zwischen den einzelnen Pflanzen beträgt jeweils 45–60 cm. So erhält man eine dichte Hecke.

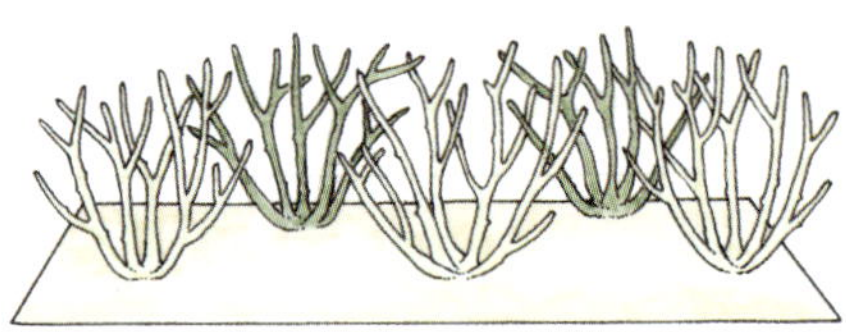

Pflanzen von Kletterrosen

1 *Der Abstand zur Wand sollte ungefähr 45 cm betragen. Setzen Sie die Rose in einem 45°-Winkel in das Pflanzloch, und überprüfen Sie mit einem Stock die Pflanztiefe.*

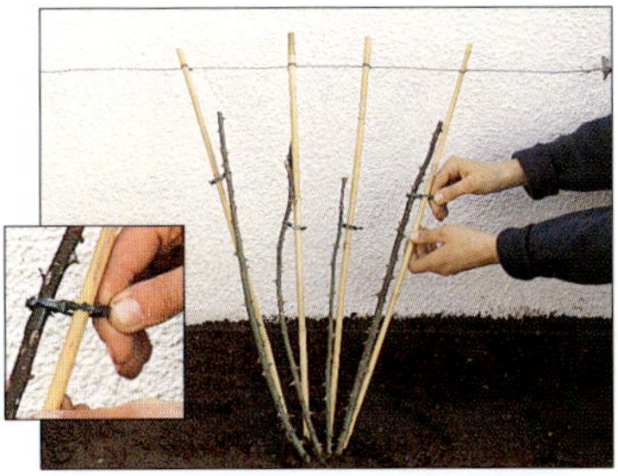

2 *Triebe, die die Stützdrähte noch nicht erreichen, befestigen Sie an Stäben – am besten mit speziellen Plastikclips (kleines Bild). Diese regelmäßig lockern, um die wachsenden Triebe nicht einzuengen.*

Pflanzvorgang

Das Grundprinzip ist bei allen Rosen ähnlich. Kleine Abweichungen gibt es bei Kletterrosen und Ramblern (siehe links) sowie bei Stammrosen (siehe S. 136). Die Wurzeln müssen unbedingt feucht sein. Daher werden Containerrosen gründlich gegossen bzw. wurzelnackte Rosen vor dem Pflanzen bis zu einer Stunde gewässert. Entfernen Sie schadhafte und kranke Wurzeln und Triebe, und graben Sie ein Loch, in dem die Wurzeln bzw. der Ballen gut Platz haben. Die Tiefe muß so bemessen sein, daß bei veredelten Rosen die Okulationsstelle 2,5 cm unter der Bodenoberfläche liegt bzw. andere Rosen ebenso tief in der Erde stehen wie zuvor auch.

Arbeiten Sie Knochenmehl und Gartenkompost unten in das Pflanzloch ein. Nun setzen Sie die Rose hinein, breiten die Wurzeln aus und prüfen mit Hilfe eines Stocks die Pflanztiefe. Falls bei wurzelnackten Rosen die Wurzeln einseitig wachsen, plazieren Sie die Pflanze am Rand des Lochs und legen die Wurzeln fächerartig möglichst weit aus. Danach das Loch wieder auffüllen und dabei die Pflanze etwas rütteln, so daß sich die Erde gut zwischen den Wurzeln verteilt. Zuletzt wird die Erde mit den Fußspitzen leicht angetreten, ohne jedoch die Wurzeln zu beschädigen und schweren Boden zu stark zu verdichten. Jetzt etikettiert man die Rose noch und gießt sie gründlich an. Gemulcht wird erst im Frühjahr.

Pflanzen von Topfrosen

Für Beetrosen muß der Pflanzbehälter mindestens 30–45 cm tief sein, für Zwergrosen 25–35 cm. Geben Sie eine Lage Tonscherben in das Gefäß, die Sie mit umgedrehten Rasenstücken abdecken. So kann die Erde nicht durch das Ablaufloch gespült werden. Füllen Sie das Gefäß mit guter Blumenerde auf Lehmbasis, und setzen Sie die Rosen im richtigen Abstand ein, wie auf S. 133 für Beetrosen gezeigt.

Pflanzen von Stammrosen

1 Stammrosen werden auf der Windseite mit einem Pfahl gestützt. Setzen Sie die Rose mittig in das Pflanzloch, und treiben Sie den Pfahl in den Boden. Er soll knapp unter der Krone enden.

2 Mit einem Stock, den Sie über das Pflanzloch legen, prüfen Sie die Pflanztiefe: Sie ist genau richtig, wenn der Stock sich mit der alten Bodenmarke am Rosenstamm deckt.

3 Befestigen Sie die Rose gleich unterhalb der Krone und auf halber Höhe am Pfahl; der Handel bietet hierzu spezielle Gummi- oder Plastikbänder an (kleines Bild). Entfernen Sie schwache und sich kreuzende Triebe.

Laufende Pflege

Um sich gesund und kräftig zu entwickeln, müssen Rosen regelmäßig gedüngt, gemulcht und gegossen werden. Weiterhin gehören zu den laufenden Pflegemaßnahmen das Jäten sowie das Entfernen von welken Blüten und Wildtrieben (siehe rechts und unten). Wildtriebe sprießen bisweilen aus der Unterlage unterhalb der Veredelungsstelle und rauben der veredelten Rose Kraft. Man erkennt sie gewöhnlich an der andersartigen Blattform und -farbe.

Hält man sich die Wuchs- und Blühleistung von Rosen einmal vor Augen, wird klar, daß sie sehr viel Energie benötigen. Selbst in fruchtbarem Boden haben sie die Nährstoffvorräte bald aufgebraucht, die daher regelmäßig ergänzt werden müssen.

Spezielle Rosendünger, im Fachhandel als Pulver oder Granulat erhältlich, liefern alle wichtigen Mineralien und Spurenelemente. Sie werden nach dem Frühjahrsschnitt, wie vom Hersteller empfohlen, rings um die einzelnen Pflanzen in den feuchten Boden eingebracht. Anschließend mulchen Sie 8 cm hoch mit gut

Wildtriebe an Stammrosen

Alle Wildtriebe, die aus dem Rosenstamm treiben, zieht man ab, ohne die Rinde einzureißen, oder man schneidet sie sauber ab. Etwaige neue Augen, die sich um die Wunde zeigen, sogleich wegreiben.

Entfernen von Wildtrieben an Beetrosen

1 *Wildtriebe zeigen meist eine andere Blattform und -farbe als die eigentliche Rose. Legen Sie den Wurzelhals vorsichtig frei und vergewissern Sie sich, daß der Trieb unterhalb der Veredelungsstelle entspringt.*

2 *Reißen Sie den Wildtrieb mit einem Ruck ab. So werden schlafende Augen mit entfernt, während man sie durch Abschneiden des Wildtriebs nur zum Austrieb anregen würde. Die Erde wieder auffüllen und andrücken.*

verrottetem organischem Material, um Unkräuter zu unterdrücken, die Feuchtigkeitsverluste des Bodens gering und die Bodentemperatur konstant zu halten. Eine zweite Düngergabe erfolgt etwa einen Monat nach dem Hochsommer, um die weitere Blütenbildung anzuregen.

Meiden Sie in der fortgeschrittenen Saison den Einsatz von Volldüngern. Sie stimulieren nur den Wuchs der Triebe, die dann bei Frostbeginn noch weich sind. Statt dessen verabreichen Sie im Frühherbst pro Quadratmeter 75 g Kaliumsulfat, um die Ausreifung der späten Triebe zu fördern. Rosen in Pflanzgefäßen erhalten jährlich im Frühjahr eine Kopfdüngung mit einem Volldünger, gefolgt von einer ein- oder zweimaligen Blattdüngung während der Wachstumsperiode, um den kräftigen Wuchs aufrechtzuerhalten.

Blinde Triebe

Um blinde Triebe zum Wuchs und zur Blütenbildung anzuregen, kürzt man sie etwa um die Hälfte bis zu einem nach außen weisenden Auge ein. Ist kein Auge zu sehen, den Trieb am Ansatz kappen.

Entfernen welker Blüten

Großblumige Beetrose
Abgeblühte Triebe werden bis zu einem nach außen weisenden Auge bzw. einem voll ausgebildeten Seitentrieb mit mindestens einem ausgewachsenen Blatt zurückgeschnitten. So erzielt man einen rascheren Durchtrieb.

Büschelblütige Beetrose
Die mittlere Blüte der Dolden welkt als erste und wird aus ästhetischen Gründen entfernt. Ist dann die gesamte Dolde welk, entfernt man sie bis zu einem guten Auge oder einem voll ausgebildeten Trieb.

Herbstschnitt

Vor dem Schnitt (links)
Beetrosen von über 75 cm Höhe sollten zwischen Mitte und Ende Herbst geschnitten werden, damit der Wind ihnen später nichts anhaben kann.

Nach dem Schnitt (unten)
Die längeren Triebe werden um ein Drittel bis zur Hälfte ihrer Gesamtlänge eingekürzt.

Rosen dringen mit ihren Wurzeln tief ins Erdreich vor. Sind sie in gut aufbereitetem Boden einmal richtig angewachsen, muß man sie selbst bei starker Hitze selten gießen. Während der Eingewöhnung sollten sie dagegen in Trockenzeiten regelmäßig bewässert werden. Man gießt möglichst am Abend, wenn die Verdunstung geringer ist, mindestens einen Eimer Wasser direkt auf den Wurzelbereich. Häufige, aber geringe Wassergaben regen nur die Bildung oberflächlicher Wurzeln an, die auf Hitze und Trockenheit viel empfindlicher reagieren. Topfrosen müssen zur Wahrung der Bodenfeuchtigkeit regelmäßig gegossen werden, bei Hitze eventuell täglich.

In der Wachstumsperiode sind die Pflanzen immer wieder auf Anzeichen für Krankheiten und Schädlinge zu inspizieren. Am häufigsten treten Blattläuse, Sternrußtau, Mehltau und Rost auf. Ihnen allen kann man durch den frühzeitigen Einsatz eines entsprechenden Pestizids oder Fungizids wirksam begegnen.

Eine gute Gartenhygiene, etwa die Beseitigung von abgefallenen Blättern und anderen Pflanzenresten, beugt der Ausbreitung von Krankheiten vor.

Entfernen welker Blüten und Herbstschnitt

Sofern Rosen keine Hagebutten von dekorativem Wert bilden, sollte man die welken Blumen regelmäßig entfernen (siehe links). Beläßt man sie dagegen an der Pflanze, wird die Energie auf die Produktion von Samen anstatt auf die Bildung neuer Blütentriebe verwendet. Auch Wild- oder blütenlose Triebe an Beetrosen gehen zu Lasten des Flors und werden daher abgeschnitten (siehe links oben).

Im Winter kann starker Wind die Rosenwurzeln lockern, wodurch sie frostanfällig werden und leichter austrocknen. Um dieses Risiko zu mindern, kürzt man bei großblumigen und büschelblütigen Beetrosen im Herbst alle Triebe ein.

Schnitt und Erziehung

Rosen schneidet man vor allem, um einen attraktiven Wuchs mit vollkommenem Flor zu erzielen. Durch den Schnitt werden die natürlichen Wachstumszyklen beschleunigt: Altes und schwaches Holz wird durch kräftige Neutriebe ersetzt, die üppiger blühen. Bei Kletterrosen kann man durch den Schnitt und die Erziehung an einer Stütze die Entstehung blühender Seitentriebe anregen und Neutriebe gezielt lenken. Außerdem begünstigt das Auslichten die Luftzirkulation und veranlaßt die Pflanze, ihre Energie auf den Wuchs der verbleibenden, gesunden Triebe zu konzentrieren.

Neben schweren Handschuhen ist eine hochwertige, gut geschärfte Rosenschere unerläßlich. Zum Entfernen kräftiger Zweige und alter, verholzter Stümpfe sollte man eine Astschere und eine Baumsäge parat haben.

Zunächst werden alle toten, kranken oder schadhaften Triebe weggenommen. Man schneidet bis auf gesundes Holz, erkennbar am weißen Mark, und nötigenfalls bis zum Ansatz zurück. Dann entfernt man sich kreuzende, schwache und lange, dünne Triebe. Setzen Sie stets einen glatten Schnitt gleich über einem gesunden Auge, und zwar leicht schräg von diesem weg – so läuft das Wasser nicht über das Auge ab. In der Regel schneidet man über einem außenstehenden Auge. Bei Rosen mit auseinanderfallendem Wuchs muß man unter Umständen jedoch, um eine Lücke zu schließen, ein innen sitzendes Auge wählen.

Meist erfolgt der Schnitt in der Vegetationsruhe, also zwischen dem Laubfall im Herbst und dem Aufbrechen der Knospen im zeitigen Frühjahr. Schneiden Sie niemals bei Frost, denn das Auge unterhalb des Schnitts könnte Schaden nehmen und der Trieb zurückfrieren. Nach einem strengen Winter muß man im Frühjahr eventuell frostgeschädigte Triebe nochmals bis zu einem gesunden Auge zurückschneiden. In kalten Gegenden warten Sie mit dem Schnitt auf jeden Fall bis Frühjahrsbeginn. In milderem Klima mit seltenen Frosteinbrüchen würden Rosen fast durchgehend blühen. Damit sie nicht auslaugen, zwingt man sie durch einen Rückschnitt in den kühleren Monaten zu einer Ruhepause.

Fast alle neugepflanzten Rosen werden am besten radikal 8–15 cm über der Basis gekappt, um den Aufbau eines starken, ausgewogenen Gerüsts gesunder Triebe und eines kräftigen, gut ausgebildeten Wurzelsystems anzuregen.

Eine Ausnahme von dieser Regel bilden Kletterrosen. In den ersten zwei Jahren liegt bei

Der richtige Schnitt

Setzen Sie die dünne Schneide der Rosenschere gleich über dem Auge an. Ein verbleibender Zapfen oder gequetschtes Holz begünstigt nur das Eindringen von Krankheitserregern und das Absterben. In diesem Fall schneiden Sie den Trieb bis auf gesundes Holz zurück.

Schnitt grossblumiger Beetrosen

Haupttriebe werden auf 20–60 cm über der Basis eingekürzt. Es verbleibt ein starkes, ausgewogenes Gerüst.

Im Herbst oder Frühjahr schneidet man einander kreuzende, zu dichte oder dünne, überlange Triebe heraus.

Entfernen Sie totes Holz und Triebe mit Anzeichen von Erkrankung oder anderweitiger Schädigung.

Schnitt neugepflanzter Beetrosen

Schwacher oder schadhafter Wuchs wird entfernt. Alle übrigen Triebe schneiden Sie über einem außenstehenden Auge auf eine Länge von etwa 8–15 cm zurück.

ihnen der Schwerpunkt auf der Erziehung; nur toter, kranker, schadhafter, oder überlanger, dünner Wuchs wird entfernt. Auch bei Stammrosen nimmt man lediglich tote, kranke oder verletzte sowie sich kreuzende und aneinander reibende Zweige weg.

Beetrosen

Nach ihrer Eingewöhnung verlangen die verschiedenen Rosenformen unterschiedliche Schnittmaßnahmen. Sie richten sich nach der Wuchsform und dem Blühverhalten. Die meisten Modernen Beetrosen blühen am diesjährigen Holz. Nach dem Schnitt in der Vegetationsruhe bilden sie neue Triebe, die im gleichen Jahr reich blühen. Ein kräftiger Schnitt führt in der Regel zu weniger, aber größeren Blumen. Neueste, noch nicht abgeschlossene Versuche der englischen Royal National Rose Society legen nahe, daß moderne Schnitttechniken den traditionellen Methoden in nichts nachstehen, ja ihnen mitunter sogar überlegen sind. Insbesondere hat sich gezeigt, daß Pflanzen, die ohne Rücksicht auf die Augen geschnitten wurden, keine Nachteile durch Zurückfrieren davontragen. Auch scheint der Erhalt einiger dünner Triebe eventuell von Nutzen, da diese sich zeitig im Frühjahr belauben und dadurch der Pflanze Energie zuführen, die den Wuchs antreibt.

Großblumige Beetrosen (Teehybriden)

Sie werden während der Vegetationsruhe geschnitten. Zunächst entfernt man tote, kranke, beschädigte und schwache Triebe (siehe S. 141). Nehmen Sie mit einer Astschere Stümpfe ab, die bei früheren Schnittmaßnahmen stehen geblieben sind und nicht mehr austreiben. Die übrigen Zweige werden rigoros gekürzt, so daß ein ausgewogenes Gerüst mit offener, luftiger Mitte bleibt. In gemäßigten Klimazonen die Haupttriebe auf etwa 20–25 cm über der Basis zurückschneiden, in milderen Gegenden auf etwa 45–60 cm. Für wettbewerbsreife Blumen kürzen Sie die Haupttriebe bis auf 2–3 Augen ein.

Büschelblütige Beetrosen (Floribunda-Rosen)

Schneiden Sie, ebenfalls während der Ruheperiode, überalterten Wuchs weg. Die Haupttriebe kleinerer Sorten kürzen Sie auf 30–40 cm über der Basis, die Seitentriebe um ein Drittel. Bei Sorten von über 1 m Höhe nehmen Sie von den Haupttrieben etwa ein Drittel und von den Seitentrieben bis zu zwei Drittel weg. Die gleichen Maßnahmen gelten für kompakte Floribunda-Rosen.

Zwergrosen

Es stehen zwei Methoden zur Wahl. Man entfernt nur das abgestorbene, kranke und schadhafte Holz, dünnt dichten Wuchs aus und kürzt überlange Triebe, die die Symmetrie der Pflanze stören. Alternativ beläßt man lediglich

Schnitt büschelblütiger Beetrosen

Im Herbst oder Frühjahr entfernt man sich kreuzende oder zu dicht wachsende Zweige sowie dünne oder überlange Triebe.

Die Seitentriebe nimmt man um ein bis zwei Drittel bis zu einem kräftigen Auge zurück.

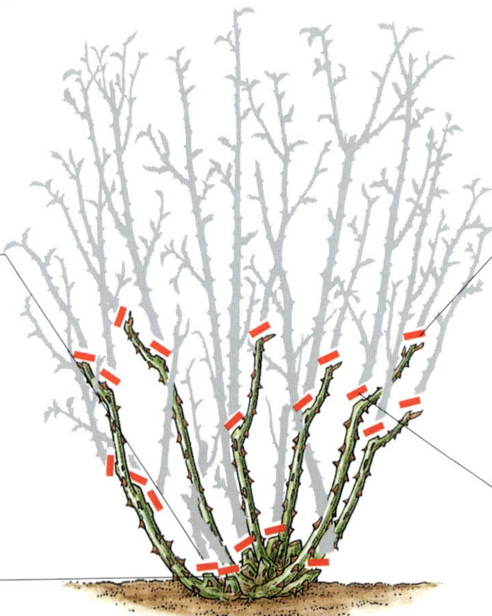

Toten, schadhaften oder kranken Wuchs schneidet man bis zu einem gesunden Auge zurück.

Kürzen Sie die Haupttriebe auf etwa 30–80 cm über der Basis ein.

Schnitt und Erziehung von Kletterrosen

In den ersten zwei Jahren entfernt man nur tote, kranke oder dünne Triebe.

Ab dem dritten Jahr nach der Blüte im Herbst Seitentriebe um zwei Drittel kürzen und Jungtriebe anbinden.

einzeln oder in kleinen Büscheln große Blüten. Sorten mit sehr starrem Wuchs eignen sich am ehesten zur Bekleidung von Wänden und Zäunen. Man kann sie jedoch auch an Pergolen, Säulen und Bögen ziehen, wenn die Triebe in die gewünschte Richtung dirigiert werden, bevor sie verholzen.

Rambler zeigen meist einen geschmeidigeren Wuchs und treiben in der Regel kleinere Blüten in dicken Büscheln; nur in wenigen Fällen blühen sie mehrmals. Ihre langen Triebe sind gewöhnlich flexibler und sprießen in größerer Zahl aus der Basis als bei Kletterrosen. Sie sind zur Erziehung an Bögen, Pergolen und Säulen wie geschaffen.

Kletterrosen

Außer bei übermäßigem Wachstum sollte sich der Schnitt bei Kletterrosen im ersten und zweiten Jahr auf das Entfernen toter, kranker oder schwacher Triebe beschränken. Kletternde Formen von Beet- oder Strauchrosen werden in den ersten beiden Jahren grundsätzlich nicht geschnitten.

Die Erziehung beginnt, sobald die jungen Triebe die Stützen erreichen. Den schönsten Flor erhält man bei waagerechter Führung, da sie die Bildung blühender Seitentriebe anregt. Bei begrenztem Platz erzielt man einen ähnlichen, aber schwächeren Effekt mit diagonalen Stützen.

Die meisten Kletterrosen blühen jahrelang zufriedenstellend, wenn lediglich regelmäßig abgestorbener, kranker oder schwacher Wuchs entfernt wird. Für eine optimale Blühleistung beginnt man jedoch im dritten Jahr mit dem regelmäßigen Schnitt. Nach der Blüte im Herbst werden übermäßig lange Haupttriebe nur nach Bedarf leicht gestutzt. Kurze Seitentriebe schneidet man um etwa zwei Drittel bis zu einem außenstehenden Auge zurück; längere Seitentriebe können wie Haupttriebe behandelt werden. Den Neuwuchs binden Sie so an, daß Lücken geschlossen werden bzw. sich der Gesamtaufbau harmonisch weiterentwickeln kann. Wenn die Basis verkahlt, kappen Sie einen oder zwei der ältesten Blütentriebe 30 cm über dem Boden, um den Neuaustrieb zu erzwingen. Im nächsten Frühjahr wird kräftig gegossen. Wiederholen Sie diesen Erneuerungsschnitt in den folgenden Jahren nach Bedarf.

Rambler

Wie Kletterrosen blühen sie oft ohne Erziehungsschnitt jahrelang sehr schön. Allerdings treiben sie viel stärker aus der Basis aus. Werden diese Triebe nicht in Form gebracht, bilden sie ein dichtes Gewirr, in dem die Luft kaum zirkuliert und sich Pilzerkrankungen leichter ausbreiten können.

Bei Ramblern wird der Schnitt im Spätsommer nach der Blüte vorgenommen. In den ersten beiden Jahren schneiden Sie lediglich alle Seitentriebe bis zu einem kräftigen Trieb zurück und entfernen abgestorbenen oder kranken Wuchs. Binden Sie die wachsenden Triebe an Drähten an, und zwar möglichst waagerecht, um die Bildung blühender Seitentriebe über die gesamte Länge der Haupttriebe zu erreichen.

Ab dem dritten Jahr nimmt man jedesmal ein Viertel bis höchstens ein Drittel der alten Blütentriebe mit der Astschere unmittelbar über dem Boden weg. Die kräftigsten der älteren Triebe bleiben erhalten, eventuelle Lücken werden mit Neutrieben aus der Basis geschlossen. Dabei gibt es zwei Möglichkeiten. Ist das Gewirr noch überschaubar, werden alte Triebe abschnittsweise entfernt, um den übrigen Wuchs nicht zu stören oder zu beschädigen. Bei einem allzu dichten Geflecht bindet man hingegen alle Triebe los und ordnet sie vor dem Schnitt auf dem Boden. Nach dem Auslichten werden die unausgereiften Spitzen der verbliebenen Haupttriebe abgenommen und die Seitentriebe jeweils auf 2–4 gesunde Augen zurückgeschnitten.

Vermehrung

Vor allem Rosen komplexer Abstammung, aber auch andere werden kommerziell meist durch Okulation vermehrt, d. h. durch Einsetzen eines Edelauges in eine ausgewählte und entsprechend vorbereitete Unterlage. Die Technik will gekonnt sein, erbringt aber schnell und ohne größeren Aufwand kräftige Pflanzen in großer Zahl. Als durchaus befriedigende Alternative bietet sich für Hobbygärtner die Vermehrung

Schnitt und Erziehung älterer Rambler

Bis zum zweiten Jahr nach der Blüte im Spätsommer Seitentriebe auf 2–4 Augen kürzen. Ab dem dritten Jahr einige alte Triebe an der Basis wegnehmen.

Alle Jungtriebe werden möglichst waagerecht an den Drähten angebunden.

aus Stecklingen oder Samen, durch Absenken oder Ausläufer an. Allerdings sind derart vermehrte komplexe Hybriden manchmal nicht ganz so wuchs- und blühfreudig wie ihre veredelten Pendants.

Steckhölzer

Die meisten Rosen lassen sich mit Steckhölzern, also verholzten Stecklingen, vermehren. Besonders bewährt sich diese Methode bei einfachen Hybriden oder nahen Verwandten von Wildrosen, zum Beispiel bei vielen Ramblern. Zwergrosen lassen sich in der Regel sehr leicht bewurzeln und werden daher auch gewerblich so produziert. Dagegen dauert es bei großblumigen Beetrosen komplexer Herkunft unter Umständen 2–3 Jahre, bis sie bewurzelt, angewachsen und so weit gediehen sind, daß sie ausgepflanzt werden können.

Bereiten Sie im Spätsommer ein Vermehrungsbeet in freier Lage vor, möglichst geschützt vor der prallen Mittagssonne: Die Fläche einen Spatenstich tief umgraben, das Erdreich verfestigen und dann mit dem Rechen einebnen. Schneiden Sie von gesunden, gut ausgereiften diesjährigen Trieben im Frühherbst Steckhölzer, und stecken Sie sie, wie unten illustriert.

Alternativ erfolgt die Bewurzelung in tiefen Töpfen mit leichtem, sandigem Substrat, die im offenen Frühbeet in Erde eingesenkt sind. Die Steckhölzer werden regelmäßig inspiziert,

STECKHÖLZER

1 *Einen gesunden, gut ausgereiften, bleistiftdicken Trieb von 30–60 cm Länge, der im Sommer geblüht hat, mit einem schrägen Schnitt gleich über einem außenstehenden Auge abtrennen. Die Blätter und die weiche Spitze entfernen.*

2 *Stücke von 25 cm – Geradschnitt unter dem unteren, Schrägschnitt über dem oberen Auge – unten in Bewurzelungshormon tauchen.*

3 *Bereiten Sie in einem Abstand von 15 cm ebenso tiefe Pflanzlöcher. Streuen Sie 2,5 cm hoch groben Sand hinein.*

4 *Schieben Sie die Steckhölzer mit dem unteren Ende bis zum Grund hinein. Die Erde andrücken, angießen und etikettieren.*

5 *Nach einem Jahr die bewurzelten Pflänzchen. mit einer Handgabel herausheben. Weiterkultur im Anzuchtbeet oder kalten Kasten.*

bei Trockenheit gegossen und im Winter wieder angedrückt, falls sie sich durch Fröste gelockert haben. Blütenknospen, die sich im Sommer zeigen, werden sogleich entfernt. Im folgenden Herbst haben die Steckhölzer in der Regel kräftige Wurzeln gebildet. Wenn die Pflanzen etwa 25 cm groß sind, können sie an die vorgesehene Stelle gepflanzt werden. Andernfalls verbleiben sie ein weiteres Jahr in Töpfen oder im Anzuchtbeet.

Stecklinge

In Gegenden mit strengen Wintern sind Stecklinge vielleicht erfolgversprechender als Steckhölzer. Bei dieser Vermehrungsmethode schneidet man im Spätsommer nach der Blüte von ausgereiften, aber noch grünen Seitentrieben 15 cm lange Stücke. Der Schnitt erfolgt unmittelbar über einem Auge, dort, wo der Trieb gerade zu verholzen beginnt; die weichen Spitzen werden entfernt. Kürzen Sie die Stücke auf etwa 10 cm Länge, entfernen Sie die Stacheln und untersten Blätter, und tauchen Sie das untere Ende in ein Bewurzelungshormon. Jetzt pflanzen Sie die Stecklinge zwei Drittel tief in hohe Töpfe mit einer ausgeglichenen Mischung aus Torf und grobem Sand, drücken die Erde fest und gießen sie an.

Plastikhauben über den Töpfen, die mit Stäben oder Drahtbügeln abgestützt werden, verhindern das Austrocknen der Stecklinge. Andernfalls stellt man die Töpfe in einen Vermehrungskasten. An einem kühlen, frostfreien Ort für gleichbleibende Feuchtigkeit sorgen und bei Bedarf schattieren. Regelmäßig inspizieren und abgefallene Blätter entfernen. Im Frühjahr werden die bewurzelten Stecklinge ins Anzuchtbeet gesetzt.

Absenken von Rosen

Vorbereitung des Triebes
Schneiden Sie den Trieb unterseits 2,5 cm tief ein. Bestäuben Sie den Schnitt mit Bewurzelungshormon, und spreizen Sie ihn mit einem Streichholz auf (kleines Bild).

Fixieren des Triebes
Den Trieb in eine Bodenrille legen und mit einem Drahthaken fixieren. Erde darauf verteilen und andrücken. Die Triebspitze an einem Stab hochbinden.

Absenken

Jede Rose mit ziemlich langen und flexiblen Trieben, die sich bis zum Boden herunterziehen lassen, kann durch einfaches Absenken vermehrt werden. Hervorragend geeignet sind Kletterrosen und Rambler, außerdem viele Beetrosen wie Bourbon- und Damaszener-Rosen, Zentifolien und die meisten Alba- und Wildrosen. Auch zahlreiche Bodendeckerrosen bieten sich für diese Methode an, und einige, wie etwa 'Immensee', bilden mit ihren Trieben, die bei Kontakt mit der Erde wurzeln, natürliche Absenker.

Wählen Sie im Spätsommer nach der Blüte einen gesunden, ausgereiften Trieb, von dem Sie über eine gewisse Länge die Blätter weitgehend abstreifen. Schneiden Sie den Trieb auf der Unterseite über 2,5 cm schräg ein (siehe Abb. links). Die Wunde mit Bewurzelungshormon bestäuben und mit einem Streichholz aufspreizen. Dort, wo der heruntergezogene Trieb auf die Erde trifft, arbeiten Sie etwas Torf in den Boden ein, machen eine kleine Vertiefung und pflocken darin den Trieb mit einem Drahthaken fest. Decken Sie die Stelle mit Erde ab, die Sie festdrücken, und binden Sie die nach oben weisende Triebspitze an einen kurzen, senkrechten Stab an. Der bewurzelte Absenker kann im folgenden Frühjahr von der Mutterpflanze abgetrennt werden.

Vermehrung durch Samen

Nur Wildrosen können aus Samen zuverlässig echte Nachkommen bringen, wenngleich bei ihnen dann mit einem gewissen natürlichen Variationsspielraum zu rechnen ist. Einige Samenhandlungen bieten eine gute Auswahl an Wildrosensamen, doch lassen sich diese auch ohne weiteres aus den reifen Hagebutten ausgewachsener Gartenrosen selbst gewinnen.

Im Herbst löst man aus den dicken, vollreifen Früchten die Samen heraus. Man gibt sie in eine Plastiktüte oder Tasse mit feuchter Anzuchterde oder Perlite. Nach zwei, drei Tagen kommen sie für 3–6 Wochen bei etwa 1–5 °C in den Kühlschrank. Diese Vorbehand-

Vermehrung durch Samen

1 *Man schneidet eine reife Hagebutte mit einem scharfen Messer auf und löst die Samen mit der Messerspitze einzeln heraus. Achtung: Winzige Härchen an den Samen können Hautreizungen hervorrufen.*

2 *Geben Sie die Samen in einen Plastikbeutel mit feuchter Anzuchterde oder Perlite. Auf eine zwei- bis dreitägige Lagerung bei Raumtemperatur folgen zwischen 3 und 6 Wochen im Kühlschrank bei 1–5 °C.*

3 *Säen Sie die Samen einzeln in Anzuchterde oder ein ausgewogenes Torf-Sand-Gemisch. Nun werden die Samen mehrere Millimeter hoch mit feinem Kies bedeckt, etikettiert und in den kalten Kasten gestellt.*

4 *Wenn das erste Laubblattpaar erscheint, vereinzelt man die Sämlinge in 5 cm große Töpfe mit guter Erde auf Lehmbasis. Sie werden nach Bedarf weiter umgetopft, bis sie ausgepflanzt werden können.*

Vermehrung durch Ausläufer

1 *Im Spätherbst oder zeitigen Frühjahr einen gut entwickelten Ausläufer bis zur Basis freilegen und mit möglichst vielen Wurzeln von der Mutterpflanze abtrennen.*

2 *Graben Sie ein Loch, in dem die Wurzeln gut Platz haben. Den Ausläufer sogleich pflanzen, die Erde andrücken und angießen (kleines Bild). Die Triebe auf 25–30 cm kürzen.*

lung nennt man Stratifizieren. Die jetzt keimfähigen Samen sät man mit ungefähr 5 cm Abstand in einzelne Töpfe oder Saatkisten und bedeckt sie einige Millimeter hoch mit grobem Sand oder feinem Kies. In den kalten Kasten setzen und zum Schutz vor Mäusen mit feinem Maschendraht abdecken. Bis zum Keimen vergehen 12–24 Monate. Verlieren Sie also nicht die Geduld, wenn sich im Frühjahr noch nichts getan hat.

Die Sämlinge werden vereinzelt, sobald sich das erste Paar von Laubblättern zeigt, die von den ovalen und für Rosen untypischen Keimblättern gut zu unterscheiden sind. Fassen Sie die Sämlinge nur an den Blättern, da Stengel und Wurzeln äußerst empfindlich sind. Zur Weiterkultur wieder in den kalten Kasten stellen. Wenn die Sämlinge gut angewachsen sind, werden sie langsam abgehärtet. Schließlich kommen sie ins Freie, wo sie bis zum endgültigen Auspflanzen nach Bedarf noch mehrfach umgetopft werden.

Neue Rosensorten werden aus Samen gezogen, die das Ergebnis gezielter Handbestäubung sind. Durch die bewußte Auswahl der Eltern sollen Rosen entstehen, die die besten Eigenschaften beider Stammsorten in sich vereinen. Allerdings sind die Aussichten auf eine hochwertige neue Sorte mit spezifischen Merkmalen gering. Kristallisiert sich schließlich aus Tausenden von Sämlingen eine verheißungsvolle Neuheit heraus, wird sie auf Sämlingsunterlagen veredelt und dann mehrere Jahre getestet, bevor sie auf den Markt kommt.

Vermehrung durch Ausläufer

Rosen, die auf eigener Wurzel wachsen, lassen sich leicht vermehren, indem man bewurzelte Ausläufer abnimmt und weiter kultiviert. Manche aus Samen wie auch aus Stecklingen hervorgegangenen Wildrosen bilden von selbst Ausläufer. Kultursorten, die von *R. pimpinellifolia*, *R. rugosa* und einigen Gallica-Rosen abstammen, treiben zahlreiche Ausläufer und können so ohne weiteres vermehrt werden. Man trennt in der Vegetationsruhe die bewurzelten Sprosse ab und pflanzt sie ins Anzuchtbeet oder, wenn sie groß genug sind, gleich an die vorgesehene Stelle. Mitunter läßt sich durch tiefes Pflanzen veredelter Rosen die Wurzelbildung an den Trieben anregen. Solche Triebe können dann sehr vorsichtig von der Elternpflanze abgetrennt und wie bewurzelte Ausläufer kultiviert werden.

Ausstellungsrosen

Bei vielen der hier vorgestellten Rosen ist angemerkt, sie seien für Ausstellungen geeignet. Die Teilnahme an einem Wettbewerb kann sehr reizvoll sein. Doch sind die Regeln hierfür streng und genauestens zu beachten. Wer an Ausstellungen teilnehmen möchte, kultiviert von einer Sorte mehrere Exemplare, um eine möglichst große Auswahl an Blüten zu haben. Die Pflanzen werden rigoros zurückgeschnitten, damit man eine begrenzte Zahl von Trieben mit nur 8–9 vollkommenen Blumen pro Saison erhält. Darüber hinaus wird zusätzlich gedüngt und genauestens auf Schädlinge und Krankheiten geachtet. Durch häufiges Ausbrechen von Knospen sollen die Blumen Ausstellungsqualität erhalten. So perfekt sich die Blüten aber auch entfalten mögen, der richtige Zeitpunkt spielt dabei eine wesentliche Rolle. Eine großblumige Beetrose sollte bei der Bewertung zu drei Vierteln aufgegangen sein, während die Dolden büschelblütiger Sorten möglichst viele geöffnete Blüten ohne dunkel angelaufene Staubblätter zeigen müssen. Wenn Sie mehr über die Kultur und Ausstellung von Rosen erfahren möchten, schließen Sie sich am besten einem Verein von Rosenfreunden an. Dort bieten sich viele Gelegenheiten zum Austausch von Informationen und Tips.

«Chinesische Hüte»

Manche Rosensorten reagieren sehr empfindlich auf Regen. Laut Ausstellungsreglement dürfen die Blüten mit Plastikhüten abgedeckt werden. Natürlich lassen sich damit die Einzelblüten großblumiger Beetrosen leichter schützen als ganze Dolden büschelblütiger Sorten. Man steckt einen Stock mit einer solchen Haube neben dem Rosentrieb in die Erde und bindet ihn an.

Ausbrechen von Knospen

Großblumige Rosen
Sobald sie sich gut anfassen lassen, bricht man alle Seitenknospen aus. Nur die Hauptknospe darf sich weiterentwickeln.

Büschelblütige Rosen
Bei jedem Seitenzweig der Dolde wird die junge Mittelknospe abgezwickt. So wird erreicht, daß alle übrigen Blüten sich zugleich öffnen.

GLOSSAR DER FACHBEGRIFFE

Die kursiv gedruckten Wörter weisen auf das entsprechende Stichwort hin.

Absenken – Vermehrungsmethode, bei der Triebe noch an der Mutterpflanze zur Bewurzelung gebracht werden. Man schneidet sie ein, biegt sie zur Erde herunter und pflockt sie dort fest. Siehe Die Rosenkultur, S. 150.

Alkalisch (Boden) – Mit einem *pH-Wert* von über 7; der Boden ist kalkreich. Siehe auch *sauer* und *neutral.*

Art – Rangstufe unterhalb der *Gattung*; umfaßt nahverwandte, sehr ähnliche Pflanzen.

Aufbau – Bleibendes Gerüst eines Baumes oder *Strauchs*; die Hauptzweige, die letztlich die Form der Pflanze bestimmen.

Auge – Ein rudimentärer *Sproß*, noch in der Ruhe befindlich und von jungen Blättern und Blattanlagen umgeben.

Ausbrechen von Knospen – Das Entfernen überzähliger Knospen, um die optimale Entwicklung der übrigen Blüten zu begünstigen.

Ausläufer – Unterirdisch kriechende und sich bewurzelnde Sprosse. Bei Rosen entstehen sie an verschiedenen Wildarten und können in der *Vegetationsruhe* zum Zweck der Vermehrung abgetrennt und separat ausgepflanzt werden. Siehe Die Rosenkultur, S. 152.

Blattachsel – Der Winkel zwischen Blattansatz und *Sproß*, in dem sich Achselknospen entwickeln.

Blättchen – Bestandteil eines zusammengesetzten Blattes.

Blüte – Teil der Pflanze, der die Fortpflanzungsorgane trägt, gewöhnlich umschlossen von *Kelch-* und *Kronblättern.* Zu den verschiedenen Blütenformen siehe Rosen im Garten, S. 9.

Bodendecker – Meist niedrige Pflanzen, die rasch die Bodenoberfläche bedecken und Unkraut unterdrücken.

Busch – Kleiner *Strauch.*

Edelreis – Von einer Pflanze geschnittene Triebe bzw. – im Falle von Rosen – *Augen*, die bei der Veredelung mit einer bewurzelten Pflanze, der *Unterlage*, zusammengefügt werden.

Erneuerungsschnitt – Schnittmethode, bei der die Seitentriebe ständig zurückgeschnitten werden, um an ihrer Stelle den Wuchs neuer Triebe anzuregen.

Familie – Rangstufe in der Pflanzenklassifikation, in der verwandte *Gattungen* zusammengefaßt sind; zum Beispiel die Familie der Rosazeen (Rosengewächse) mit den Gattungen *Rosa, Sorbus, Rubus, Prunus* und *Pyracantha.*

Gattung – Rangstufe zwischen *Familie* und *Art*; umfaßt Pflanzen, die durch eine Reihe von Merkmalen verbunden sind.

Griffel – Stielartiger Teil der Blüte, der die *Narbe* trägt.

Halbimmergrün – Mit Blättern, die bis zum Beginn der nächsten Wachstumsperiode an der Pflanze bleiben. Auch wintergrün genannt.

Hochstamm – Auf einen Stamm veredelte Rose; die Höhe beträgt bis zum Ansatz der Krone meist etwa 80 cm.

Humus – Überreste verwester pflanzlicher oder tierischer Materie im Boden. Böden mit geringem Humusgehalt werden durch Einarbeiten von gut ausgereiftem Kompost, Stallmist o. ä. verbessert.

Hybride – Durch Kreuzung zwischen zwei genetisch verschiedenen Eltern entstandene Pflanze. Hybriden können zufällig oder künstlich in Kultur, gelegentlich auch wild entstehen.

Immergrün – Mit Blättern, die mehrere Vegetationsperioden am Baum bleiben. Siehe auch *halbimmergrün.*

Kalter Kasten – Einfacher Rahmen aus Holz, Beton oder Drahtglas mit aufliegendem Fenster, der sich durch die Sonne erwärmt; zur Vorkultur verwendet. Auch Frühbeetkasten genannt.

Kelch – Äußerer Teil der Blütenhülle, der die inneren Blütenteile im Knospenstadium schützend umschließt. Er setzt sich aus den *Kelchblättern* zusammen

Kelchblatt – Teil des *Kelchs*; für gewöhnlich klein, grün und unscheinbar, manchmal aber auch auffällig. Auch Sepalum genannt.

Kletterpflanze – Ihre *Sprosse* wachsen an anderen Pflanzen oder Unterlagen in die Höhe.

Knopfauge – In der Mitte mancher Rosenblüten entsteht durch Krümmung der kleinsten Blütenblätter eine knopfähnliche Erhebung.

Kronblatt – Meist farbiges Blütenblatt, das Bestandteil der *Krone* ist. Auch Petalum genannt.

Krone – Innerer Teil der Blütenhülle, der von den *Petalen* gebildet wird. Auch Corolla genannt.

Krümelstruktur – Ideales Bodengefüge, bei dem der Boden in kleine Krümel bröckelt; muß gegebenenfalls durch gezielte Maßnahmen wie Bodenlockerung geschaffen werden.

Mikroklima – Das Klima eines eng begrenzten Raums innerhalb eines Großklimas, z. B. in einem Gewächshaus oder im geschützten Teil eines Gartens.

Mulch – Eine Schicht aus organischem Material, die auf den Boden aufgetragen wird, um ein Verdunsten der Bodenfeuchtigkeit zu verhindern, die Wurzeln vor Frost zu schützen, das Unkrautwachstum zu reduzieren und den Boden mit Nährstoffen anzureichern.

Nährstoffe – Mineralien (Mineralionen), die zur Erzeugung von Proteinen und anderen für das Pflanzenwachstum erforderlichen Verbindungen notwendig sind.

Narbe – Weibliches Fortpflanzungsorgan der Blüte, das den Pollen auffängt.

Neutral (Boden) – Mit einem *ph-Wert* von 7, d. h. weder *alkalisch* noch *sauer.*

Okulation (Veredelung) – Vermehrungsmethode, bei der eine künstliche Verbindung zwischen einem *Auge* (*Edelreis*) einer Pflanze und der *Wurzel* einer anderen (*Unterlage*) hergestellt wird. Beide verschmelzen zu einer Pflanze.

Organisches Material – Hierunter versteht man in der Gärtnersprache Mulchmaterial, Kompost und ähnliche Substanzen, die durch die Zersetzung pflanzlicher und tierischer Substanzen entstanden sind.

Petalum – Siehe Kronblatt.

pH-Wert – Maß für den Säurecharakter einer Lösung, in der Gärtnerei für den Säuregrad des Bodens. Die Skala reicht von 1 bis 14. pH 7 ist *neutral,* Werte darüber kennzeichnen einen *alkalischen* und Werte unter 7 einen *sauren* Boden.

Rambler – Kletternde Rose mit langen, biegsamen Trieben.

Remontierend – Bezeichnung für Rosen, die nach dem ersten Flor eine Nachblüte hervorbringen.

Sämling – Eine aus Samen herangezogene Jungpflanze.

Sauer (Boden) – Mit einem *pH-Wert* von weniger als 7; der Boden ist kalkarm. Siehe auch *alkalisch* und *neutral.*

Seitentrieb – Seitlich aus einem *Sproß* oder einer *Wurzel* wachsender Trieb.

Solitär – Auffällige Pflanze, meist ein Baum oder Strauch, als Blickfang einzeln an exponierter Stelle kultiviert.

Sorte – Gruppe von Pflanzen, die sich durch ein oder mehrere Merkmale unterscheiden und deren Unterscheidungsmerkmale nach der Vermehrung beibehalten werden. Auch Kultivar genannt und mit einem Phantasienamen in einfachen Anführungszeichen versehen.

Spalier – Rankgerüst für Klettergewächse und Obstgehölze, bestehend aus Stäben und mitunter – als Querverspannung – auch aus Drähten.

Sport – Gärtnerbegriff für eine Mutation infolge einer herbeigeführten oder spontanen genetischen Veränderung. Die Triebe können andersartige Merkmale aufweisen bzw. die Blumen anders gefärbt sein als die der Eltern.

Sproß – Ein Ast, Zweig oder Stengel.

Staubbeutel – Oberer Teil des *Staubblatts,* der Pollen produziert.

Staubblätter – Männliche Fortpflanzungsorgane der Blüte, an deren Spitze sich die *Staubbeutel* befinden. Auch Stamina genannt.

Steckholz – Ein verholzter *Steckling,* der am Ende der Wachstumsperdiode zur Vermehrung von einer Pflanze genommen wird. Siehe Die Rosenkultur, S. 149.

Steckling – Teil einer Pflanze, der abgetrennt und zur Vermehrung verwendet wird. Im engeren Sinne versteht man unter Stecklingen nicht verholzte Pflanzenteile. Siehe Die Rosenkultur, S. 150.

Strauch – Eine *verholzte* Pflanze, die sich gewöhnlich von der Basis an stark verzweigt.

Systemisch – Bezeichnet Dünger, Unkrautvernichtungsmittel und dergleichen, die über das Gießwasser in das Gefäßsystem der Pflanze eindringen, also von innen heraus wirken.

Tonscherben – Man zerschlägt ausgediente Tontöpfe und deckt mit den Scherben die Ablauflöcher in Pflanzgefäßen ab. So wird die Erde nicht ausgeschwemmt und kann auch nicht die Löcher verstopfen. Das Wasser fließt gut ab, und die Wurzeln werden ausreichend belüftet.

Unterlage – Eine Pflanze, die das Wurzelsystem für ein *Edelreis* liefert.

Unterpflanzung – Niedrige Pflanzen, die unter höherwüchsigen Arten gedeihen.

Varietät – Im Gegensatz zur *Sorte* ist die Varietät eine natürlich auftretende Spielart (Abkürzung var.) einer Wildart. Sie trägt stets einen lateinischen Namen.

Vegetationsruhe – Phase, meist in der kalten Jahreszeit, in der das Wachstum vorübergehend eingestellt wird und andere Vorgänge in der gesamten Pflanze sich verlangsamen.

Veredelungsstelle – Die Verbindung zwischen *Edelreis* und *Unterlage.*

Verholzt – Mit Zweigen aus harten, holzigen Fasern, die im Gegensatz zu krautigen, weichen Trieben dauerhaft sind. Ein halbverholzter Trieb enthält auch weicheres Gewebe und ist unter Umständen nicht von dauerhaftem Bestand.

Verkleben der Blüten – Kommt besonders bei Nässe vor. Die Blüten öffnen sich nicht richtig und verfaulen noch im Knospenstadium.

Vermehrungsbeet – Abgeschlossener Kasten, in dem *Sämlinge, Stecklinge* und andere Jungpflanzen die zur Anzucht erforderliche erhöhte Luftfeuchtigkeit bekommen.

Wuchs – Die charakteristische Form oder allgemeine Erscheinungsmerkmale.

Wurzel – Der meist unterirdische Teil einer Pflanze, der sie im Boden verankert und über den sie die Nährstoffe aus der Erde aufnimmt.

Wurzelballen – Die Wurzeln und die daran haftende Erde, die beim Herausziehen der Pflanze sichtbar werden.

Wurzelecht – Eine Rose, die auf eigener Wurzel wächst, also nicht auf eine *Unterlage* veredelt ist.

Wurzelnackt – Handelsform von Pflanzen, bei der an den Wurzeln keinerlei Erde haftet, im Gegensatz zu Containerrosen.

Zapfen – Kurzer, auch ausgefranster Stummel, der nach unsachgemäßem Schnitt eines Triebs stehen bleibt.

Zurückschlagen – Zum ursprünglichen Zustand zurückkehren; wenn z. B. eine Sorte mit gefleckten Blättern wieder reingrünes Laub entwickelt.

REGISTER

Sämtliche Rosen gehören der Gattung *Rosa* an. Arten sind kursiv gedruckt; Sortennamen werden mit, die im Handel gebräuchlichen Sortenbezeichnungen ohne Anführungszeichen aufgeführt.

A

B

C

D

E

F

G

H

I

JK

QR

S

T

VWXYZ

BILDNACHWEIS

Schlüssel: o = oben, u = unten, r = rechts, l = links.

Die Herausgeber danken folgenden Personen und Institutionen für die freundliche Genehmigung zur Verwendung der Photographien:

Peter Beales 19 ul, 46 ol, 118 ur
Neil Campbell-Sharp 83 ul
Michael Gibson 72 or
Derek Gould 17 ol, 72 l
R. Harkness & Co Ltd. 19 ol, 28 ul, 38 ul, 73 ul, 102 or
P. Harkness 19 or
Andrew Lawson 87 ur, 111 ol, 114 l
Vincent Page 30 or, 65 or, 80 ol, 96 ul
Photos Horticultural Photo Library 24 ur, 112 or, 122 or, 128 l
Harry Smith Collection 28 or, 39 ur, 46 ul, 54 ul, 77 ur, 79 r, 118 ul, 121 ol, 121 ul, 122 ur, 123 ol, 131 ul
Alistair Urquhart 70 ur
Chris Warner 112 ul
Wheatcroft Ltd 95 ul

Sonderphotographien Howard Rice, Clive Boursnall, Eric Crichton, John Glover, Jerry Harpur, Andrew Lawson, Andrew de Lory

Besonderer Dank für die Unterstützung bei den Photographien gilt der Royal National Rose Society, St. Albans, Herts

Abkürzungen

°C	Grad Celsius	m	Meter
		mm	Millimeter
cm	Zentimeter	S.	Seite
f.	Form	ssp.	Unterart
g	Gramm	var.	Varietät